교실을 위한 곱셈구구

교실을 위한
곱셈구구

기초학력향상 증거기반 프로그램

초판 1쇄 발행 2021년 4월 10일
초판 12쇄 발행 2023년 5월 20일
저자 김중훈 김유원 이희천
감수 좋은교사운동 배움찬찬연구회
편집 김선희
교정 김요섭 금정민
디자인 더블디앤스튜디오
성우 신지영
녹음 올제뮤직스튜디오
제작 김혜정 이광우
인쇄 (주)한국학술정보
ISBN 979-11-89782-28-3 63410

주소 인천 중구 흰바위로59번길 8, 1036호
전화 032-752-7844
팩스 032-752-7840
이메일 tembook@naver.com
홈페이지 tembook.kr
출판등록 2018년 3월 9일 제2018-000006호

기초학력 향상
증거기반 프로그램

교실을 위한
곱셈구구

**수 감각 기반 곱셈구구
누구나 쉽게 40일 완성**

김중훈 · 김유원 · 이희천
좋은교사운동 배움찬찬이연구회

이 책의 목적

배움찬찬이연구회는 수학이 어려운 아이들을 돕기 위해 교실에서 함께 가르치면서 공부했다. 그러면서 수학을 어려워하는 아이들을 알게 되었고 그 과정에서 공통점 몇 가지가 보이기 시작했다. 바로 곱셈과 곱셈구구이다. 우리가 생각하는 것 이상으로 아이들은 곱셈구구를 어렵게 그리고 오랫동안 서서히 배운다. 분명한 것은 지금도 많은 아이들이 곱셈구구를 배웠지만, 사실은 정확히 모르고 있다는 것이다. 그래서 이 교재를 개발하기 시작했고 4년 만에 「교실을 위한 곱셈구구」로 아이들을 도울 수 있게 되었다.

곱셈구구는 외울 수 있는 것이 아니다

아이들을 보면 곱셈구구를 익히기 위해 나름대로 많은 노력을 한다. "이 일은 이, 이 이 사." 이렇게 아이들은 곱셈구구를 노래로 열심히 외운다. 이렇게 노래까지 하면서 몇 달을 연습해도 여전히 곱셈구구를 어려워하는 아이들이 많이 있었다. 어떤 아이들은 학습지로 많은 문제를 풀어서 계속 연습하기도 한다. 많은 연습을 통해 잠시 동안은 효과가 있어 보인다. 하지만 시간이 지나면서 다시 원래의 모습으로 돌아갔다. 이렇게 많은 아이들을 만나면서 근본적으로 '곱셈구구는 외울 수 있는 것이 아니다.' 라는 것을 알게 되었다. 곱셈의 의미와 곱셈구구의 원리를 스스로 알았을 때, 비로소 아이들은 곱셈구구를 정확하게 익힐 수 있었다. 더욱 놀라운 것은 곱셈구구의 원리를 정확하게 알게 된 아이들은 나눗셈도 쉽게 이해하게 된다는 것이다.

이미 배웠지만 잘 모르는 곱셈

곱셈은 초등학교 2학년에서 처음 배운다. 처음에는 곱셈의 개념을 배우고, 다음 학기에는 곱셈구구를 배운다. 이 곱셈은 이후 학년의 수학 성취를 결정하는 핵심적인 내용이자, 분기점이다. 초등학교 수학은 절대적으로 곱셈을 필요로 한다. 그 누구도 곱셈을 제대로 이해하지 못하면 수학을 잘할 수 없다. 이제 아이들은 덧셈을 넘어 곱셈으로 수를 볼 수 있어야 한다. 하지만 많은 아이들은 이렇게 중요한 곱셈을 배우기는 했지만, 사실은 잘 모르고 있었다.

모든 집단에서 높은 효과성을 보였다

이 교재를 개발하는데 예상보다 많은 시간이 소요되었다. 처음 우리는 몇 개월이면 금방 마무리될 것으로 생각했다. 하지만 생각보다 간단하지 않았다. 어렵게 1년 이상 걸려 힘들게 만든 실험용 교재를 적용해보았으나 효과가 좋지 않았다. 그래서 모두 다시 수정하고, 적용하는 과정을 반복하였고 그렇게 몇 년의 시간이 걸렸다. 드디어 2020년 여름 즈음, 우리는 지금 이 교재의 높은 효과성을 볼 수 있었다. 특히, 코로나19대응 기초학력지원 사업으로 초록우산재단이 후원한 교육청 단위 기초연산 프로젝트에서 약 40일 동안 200개 이상의 학급에 적용하여 효과성을 검증했다. 사전·사후 및 비교집단 검증에서도 상중하 단계의 모든 집단에서 뚜렷한 효과성을 보였다. 특히, 중하위권의 향상이 두드러졌다.

정말 기뻤다. 학습이 어려운 아이들에게 적용되는 기초학력 프로그램은 증거기반의 접근이 필요함을 다시 확인할 수 있었다.

개념과 원리를 바탕으로 전략과 유창성까지

이 교재는 기존의 유효한 연구 성과를 반영하여, 곱셈 감각과 의미 그리고 곱셈 구구의 원리를 아이들이 쉽게 감각적으로 이해할 수 있도록 구성했다. 구체적으로 「수감각 곱셈구구 카드게임 활동」(템북, 2018)를 활용하여 챈트와 함께 영상으로 즐겁게 참여하도록 했다. 또한 곱셈을 잘하도록 돕는 덧셈과 배열 모델, 묶음 모델, 수직선 모델 같은 다양한 모델을 적용하여, 곱셈의 의미를 체계적으로 공부 할 수 있게 구성했다. 구체물과 반구체물을 보면서 아이들은 곱셈식을 만들거나 직접 그리면서 표현하는 활동도 있다. 이 교재는 아이들이 곱셈의 의미와 원리에 대한 명확한 이해를 바탕으로 필요한 일정 수준의 연산유창성에 도달할 수 있도록 곱셈 전략과 충분한 연습도 제공한다. 아울러 이 교재는 아이들이 지속적으로 공부할 수 있도록 적절한 학습 분량을 제공하며 즐거운 공부가 되도록 게임 원리도 적용했다.

곱셈을 잘하면 수학에 자신감이 생긴다

곱셈을 어렵게 배우는 아이들을 통해 효과적인 곱셈의 학습 방법을 알아낼 수 있었다. 서두에서 강조한 것과 같이 아이들은 스스로 곱셈의 의미와 곱셈구구의 원리를 충분히 이해하게 될 때 곱셈구구를 잘하게 되었고, 수학에 자신감도 생겼다. 한 가지 더 강조하고 싶은 것이 있다. 이미 곱셈구구를 학습한 상위권 아이들도 6~9단 곱셈구구는 다소 어려워했다. 따라서 이 교재에서는 이 부분을 잘 배울 수 있도록 세심하게 배려했다. 이 교재는 처음 곱셈과 곱셈구구를 배우는 2학년 학생들이 대상이지만, 수학의 기초를 튼튼하게 다지고 싶은 3~4학년 학생들에게도 적극 추천한다.

교실에는 이미 곱셈구구를 배웠지만, 사실 잘 모르는 아이들이 너무 많다. 그래서 이 교재의 이름을 「교실을 위한 곱셈구구」로 정했다. 이 교재의 개발에는 인천시, 강원도, 제주도의 많은 아이들의 참여와 선생님들의 도움이 있었다. 이 글을 통해 모두에게 감사하다는 인사를 꼭 드리고 싶다. 마지막으로 많은 분량의 페이지와 홈페이지 제작, 곱셈구구 음원, 스티커 북 등 예상보다 많은 개발 비용이 소요 되었지만, 가능하면 모든 아이들이 이 교재로 공부할 수 있도록 낮은 가격으로 출판을 결정해주신 템북출판사에게도 감사드린다.

2021년 3월
김중훈, 김유원, 이희천

교재의 구성

이 교재는 준비하기, 개념 이해하기, 적용하기, 다시 확인하기, 점검하기로 구성되어 있습니다.

1 준비하기

▶ 배움을 시작하기 전 동기유발 및 선수학습 기술을 익히는 단계입니다. 플래시 영상의 노래를 따라 하며 구구단을 즐겁고 의미 있게 익히게 됩니다.

- 플래시 영상은 함께하기, 스스로 하기로 구성되어 있습니다.
  - 함께하기(음원+반주), 스스로 하기(반주)
- 플래시 영상은 QR코드 또는 템북 홈페이지에서 볼 수 있습니다.

▶ 곱셈의 기본은 동수누가입니다. 구구단과 관련 있는 덧셈을 풀어보며 곱셈을 하기 위한 사전 기술을 다지게 됩니다.

2 개념 이해하기

▶ 배열 모델, 묶음 모델, 수직선 모델 등 곱셈의 양적 정보를 다양하게 제공하고 학습을 통해 곱셈의 개념을 정확하게 이해하게 됩니다.

▶ 구조화된 안내를 따라 학습하면서 곱셈의 다양한 전략을 발견하고 이해하게 됩니다.

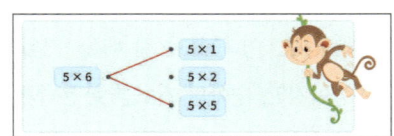

3 적용하기

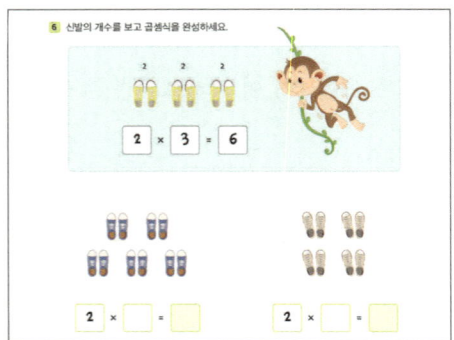

▶ 원리학습을 통해 이해한 개념을 적용하여 다양한 문제를 해결하고 앞에서 학습한 개념을 확실히 다지게 합니다.

▶ 구체적 상황을 곱셈식으로 만들고, 곱셈식에 알맞게 그림으로 표현해보기를 합니다.

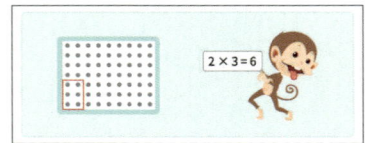

4 다시 확인하기

▶ 곱셈구구 두 가지 단의 학습을 마친 후 배운 내용을 다시 복습합니다.
예) 2단, 3단 곱셈구구를 배운 후 다시 확인하기 활동

▶ 학습한 곱셈구구단의 식을 완성하며 학습 내용을 다시 한 번 확인합니다.

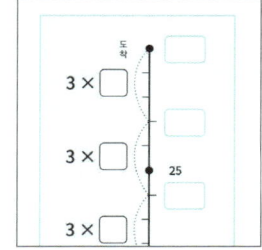

5 점검하기

▶ 공부한 다음 스티커판에 동물 스티커를 붙입니다. 동물 스티커 모으기는 학생들이 꾸준하게 학습할 수 있도록 격려해주는 역할을 합니다.

▶ 주어진 시간 동안 곱셈 문제를 풀고 맞은 개수에 따라 금, 은, 동메달 스티커를 얻게 됩니다. 자신의 현재 수준을 객관적으로 확인하고 더 높은 수준으로 올라가기 위해 스스로 노력하게 됩니다.

템북 홈페이지 주소 : tembook.kr

나는 곱셈 챔피언

이름:

매일 공부한 다음에 <칭찬스티커>를 붙여요.

1	2	3	4
9	10	11	12
17	18	19	20
25	26	27	28
33	34	35	36

5	6	7	8
13	14	15	16
21	22	23	24
29	30	31	32
37	38	39	40

목차

1단원 | 2,3,4,5단: 곱셈구구 의미와 전략

배움 1	2단 곱셈구구	12
배움 2	3단 곱셈구구	20
배움 3	2단 곱셈구구와 3단 곱셈구구	28
배움 4	4단 곱셈구구	31
배움 5	5단 곱셈구구	39
배움 6	4단 곱셈구구와 5단 곱셈구구	47
배움 7	내 실력 어디까지 왔을까? (2~5단)	50
배움 8	2x6, 2x7, 2x8, 2x9, 2x10	51
배움 9	3x6, 3x7, 3x8, 3x9, 3x10	57
배움 10	4x6, 4x7, 4x8, 4x9, 4x10	63
배움 11	5x6, 5x7, 5x8, 5x9, 5x10	69
배움 12	내 실력 어디까지 왔을까? (2~5단)	75

2단원 | 6,7,8,9단: 곱셈구구 의미와 전략

배움 13	6단 곱셈구구	76
배움 14	7단 곱셈구구	84
배움 15	6단 곱셈구구와 7단 곱셈구구	92
배움 16	8단 곱셈구구	95
배움 17	9단 곱셈구구	103
배움 18	8단 곱셈구구와 9단 곱셈구구	111
배움 19	내 실력 어디까지 왔을까? (6~9단)	114
배움 20	6x6, 6x7, 6x8, 6x9, 6x10	115
배움 21	7x6, 7x7, 7x8, 7x9, 7x10	121
배움 22	8x6, 8x7, 8x8, 8x9, 8x10	127
배움 23	9x6, 9x7, 9x8, 9x9, 9x10	133
배움 24	내 실력 어디까지 왔을까? (6~9단)	139

배움 25	3x6과 6x3	140
배움 26	3x7과 7x3	145
배움 27	3x8과 8x3	150
배움 28	3x9와 9x3	155
배움 29	내 실력 어디까지 왔을까? (6~9단)	160
배움 30	배운 내용 복습하기	162

3단원 곱셈 유창성

배움 31	곱셈의 고수 1	168
배움 32	곱셈의 고수 2	170
배움 33	곱셈의 고수 3	172
배움 34	5분 곱셈 올림픽 (연습경기)	174
배움 35	곱셈의 고수 4	176
배움 36	곱셈의 고수 5	178
배움 37	곱셈의 고수 6	180
배움 38	5분 곱셈 올림픽 (예선전)	182
배움 39	5분 곱셈 올림픽 (준결승)	184
배움 40	5분 곱셈 올림픽 (결승)	186

함께하는 카드게임 활동

카드보고 곱셈식 말하기	188
곱하기 5와 곱하기 몇	189
카드를 돌리고 곱셈식 말하기	190
곱셈구구 달리기	191

정답   192

배움 1

2단 곱셈구구

월   일

1 영상을 보며 2단 곱셈을 외워 보세요.

열심히 연습했으면 ○표하세요.

| 함께하기 | 스스로 하기 |

2 곱셈을 잘하게 해주는 덧셈을 하세요.

2 + 2 = ☐   16 + 2 = ☐

4 + 2 = ☐   18 + 2 = ☐

6 + 2 = ☐   10 + 2 = ☐

8 + 2 = ☐   10 + 4 = ☐

10 + 2 = ☐   10 + 6 = ☐

12 + 2 = ☐   10 + 8 = ☐

14 + 2 = ☐   10 + 10 = ☐

3 아래와 같이 그림을 보고 곱셈식을 완성하세요.

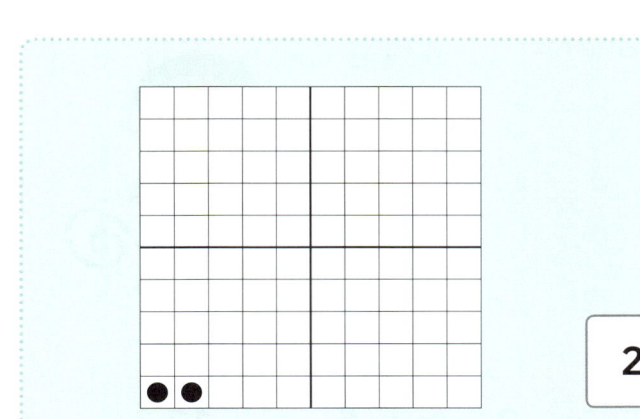

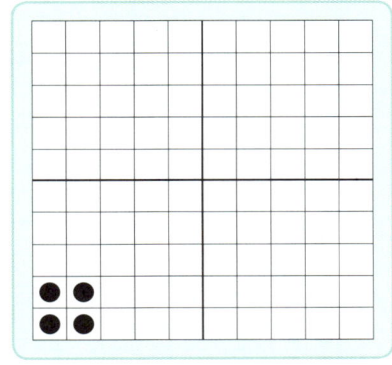

2 × ☐ = ☐

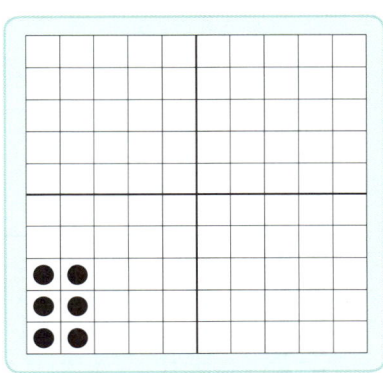

2 × ☐ = ☐

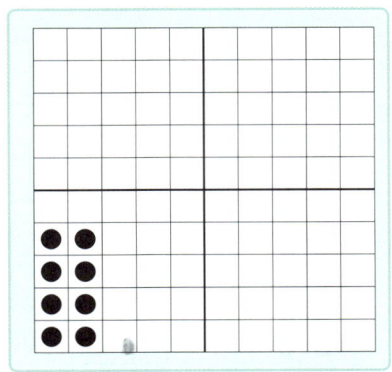

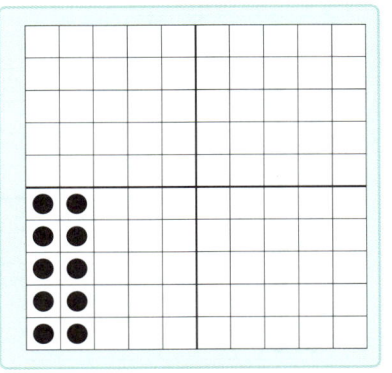

배움1 **2단 곱셈구구**

4 아래와 같이 그림을 보고 곱셈식을 완성하세요.

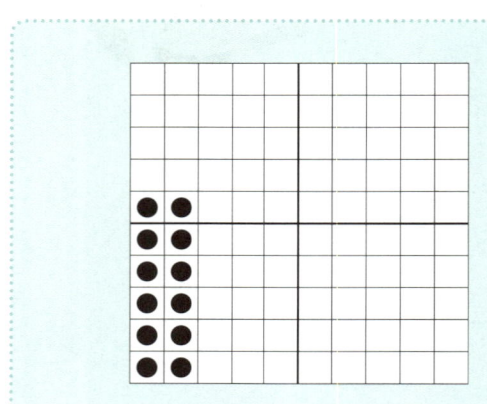

2 × 6 = 12

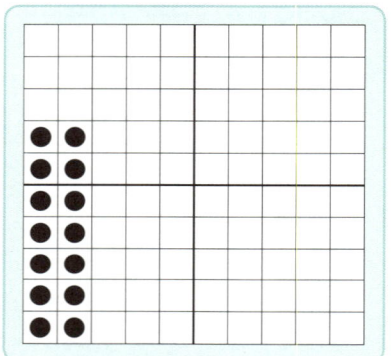
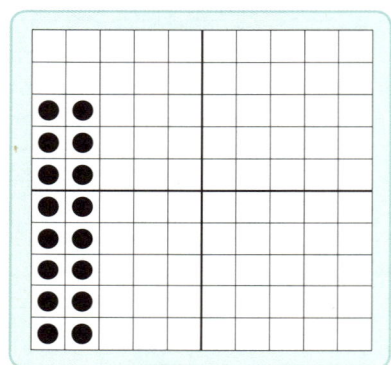

☐ × ☐ = ☐   ☐ × ☐ = ☐

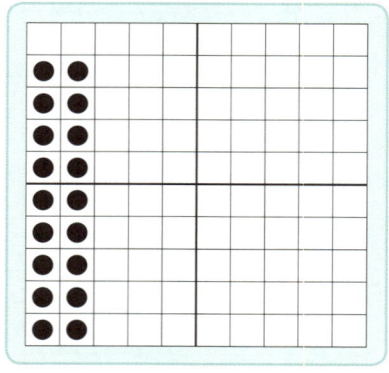
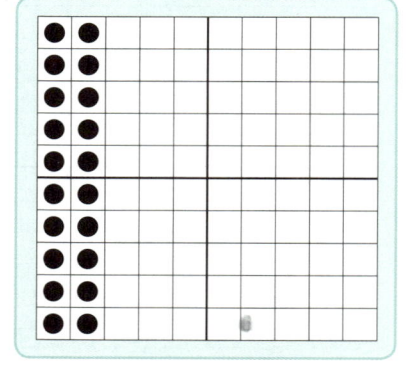

☐ × ☐ = ☐   ☐ × ☐ = ☐

5 아래와 같이 그림을 보고 곱셈식을 완성하세요.

그림	덧셈식	곱셈식
⊡	2	2 × 1 = 2
⊡ ⊡	2+2 = ☐	2 × ☐ = ☐
⊡ ⊡ ⊡	2+2+2 = ☐	2 × ☐ = ☐
⊡ ⊡ ⊡ ⊡	2+2+2+2 = ☐	☐ × ☐ = ☐
⊡ ⊡ ⊡ ⊡ ⊡	2+2+2+2+2 = ☐	☐ × ☐ = ☐
⊡ ⊡ ⊡ ⊡ ⊡ ⊡	2+2+2+2+2+2 = ☐	☐ × ☐ = ☐
⊡ ⊡ ⊡ ⊡ ⊡ ⊡ ⊡	2+2+2+2+2+2+2 = ☐	☐ × ☐ = ☐
⊡ ⊡ ⊡ ⊡ ⊡ ⊡ ⊡ ⊡	2+2+2+2+2+2+2+2 = ☐	☐ × ☐ = ☐
⊡ ⊡ ⊡ ⊡ ⊡ ⊡ ⊡ ⊡ ⊡	2+2+2+2+2+2+2+2+2 = ☐	☐ × ☐ = ☐
⊡ ⊡ ⊡ ⊡ ⊡ ⊡ ⊡ ⊡ ⊡ ⊡	2+2+2+2+2+2+2+2+2+2 = ☐	☐ × ☐ = ☐

2단 곱셈은 (_____)씩 커지고 있어요!

배움 1 **2단 곱셈구구**

6 신발의 개수를 보고 곱셈식을 완성하세요.

2 × ☐ = ☐

2 × ☐ = ☐

☐ × ☐ = ☐

☐ × ☐ = ☐

7 아래와 같이 곱셈식을 그림으로 나타내 보세요.

2 × 2 = 4

2 × 1 = 2

2 × 6 = 12

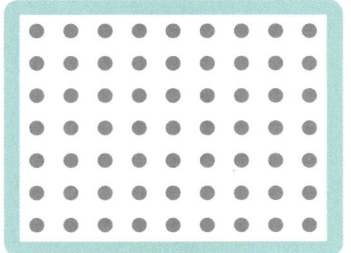
2 × 5 = 10

2 × 7 = 14

2 × 4 = 8

배움1 2단 곱셈구구

8 2부터 2씩 뛰어센 수에 ○표시하고, 빈칸에 알맞은 답을 쓰세요.

| 1 | ②| 3 | ④ | 5 | 6 | 7 | 8 | 9 | 10 |
| 11 | 12 | 13 | 14 | 15 | 16 | 17 | 18 | 19 | 20 |

2 × 1 = ☐   2 × 2 = ☐   2 × 3 = ☐

2 × 4 = ☐   2 × 5 = ☐   2 × 6 = ☐

2 × 7 = ☐   2 × 8 = ☐   2 × 9 = ☐

2 × 10 = ☐

9 곱셈식과 답을 알맞게 연결하세요.

2 × 1	•	•	8
2 × 2	•	•	6
2 × 3	•	•	14
2 × 4	•	•	4
2 × 5	•	•	16
2 × 6	•	•	18
2 × 7	•	•	12
2 × 8	•	•	2
2 × 9	•	•	20
2 × 10	•	•	10

10 뛰어세기를 하며 곱셈을 해보세요.

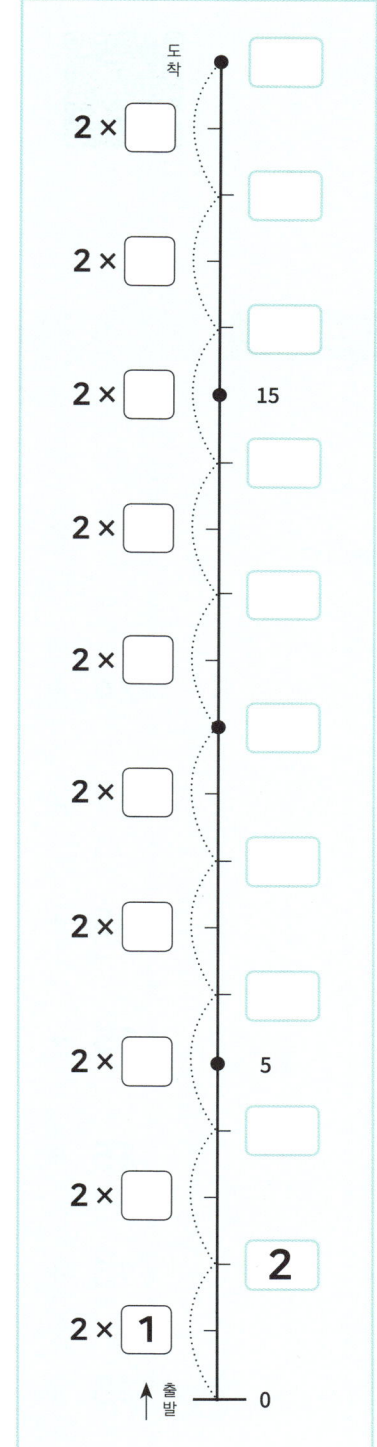

배움 2

3단 곱셈구구

월   일

1 영상을 보며 3단 곱셈을 외워 보세요.

🐛 열심히 연습했으면 ○표하세요.

함께하기   스스로 하기

2 곱셈을 잘하게 해주는 덧셈을 하세요.

3 + 3 =	24 + 3 =
6 + 3 =	27 + 3 =
9 + 3 =	15 + 3 =
12 + 3 =	15 + 6 =
15 + 3 =	15 + 9 =
18 + 3 =	15 + 12 =
21 + 3 =	15 + 15 =

3 아래와 같이 그림을 보고 곱셈식을 완성하세요.

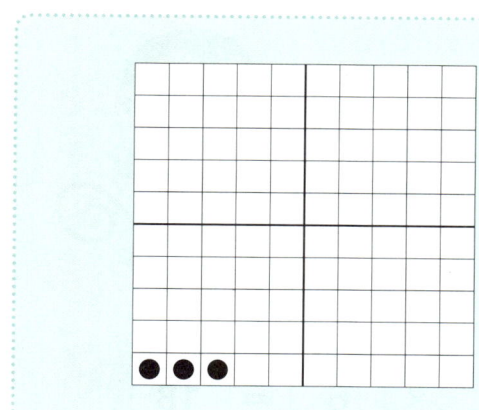

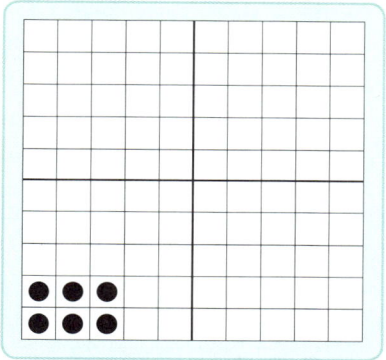

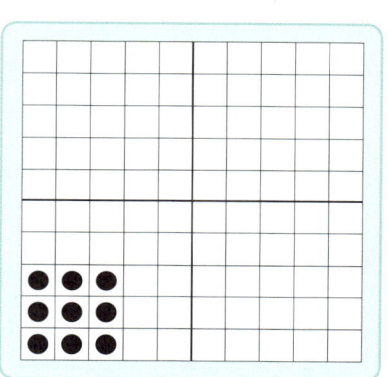

3 × ☐ = ☐   3 × ☐ = ☐

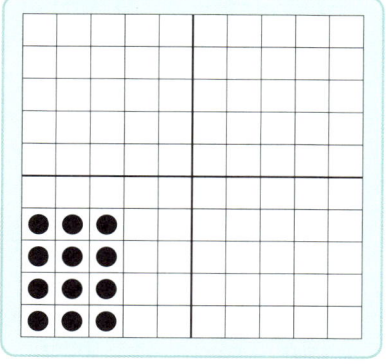

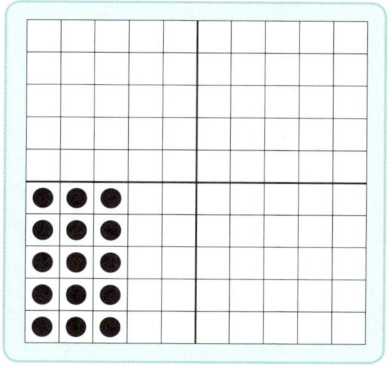

☐ × ☐ = ☐   ☐ × ☐ = ☐

배움 2 3단 곱셈구구

4 아래와 같이 그림을 보고 곱셈식을 완성하세요.

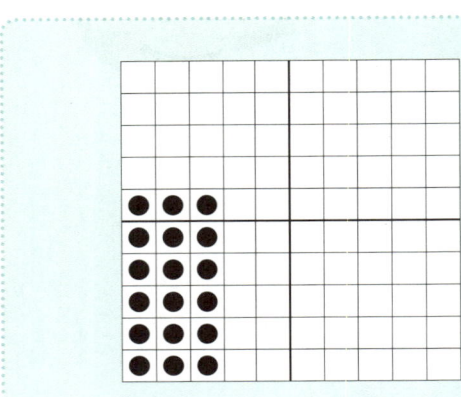

$3 \times 6 = 18$

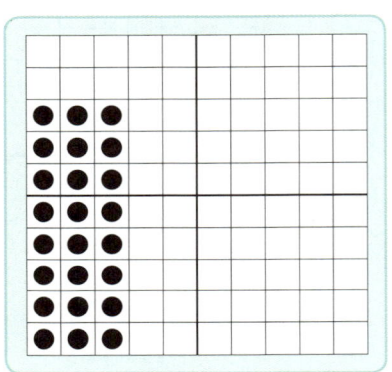

☐ × ☐ = ☐

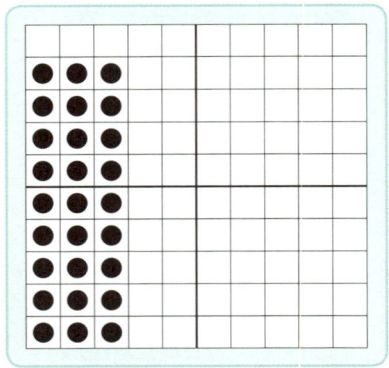
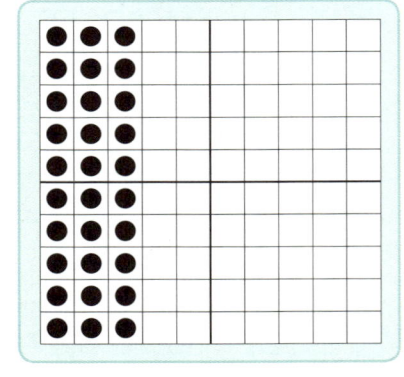

☐ × ☐ = ☐   ☐ × ☐ = ☐

5 아래와 같이 그림을 보고 곱셈식을 완성하세요.

그림	덧셈식	곱셈식
·	3	3 × 1 = 3
··	3+3 = ☐	3 × ☐ = ☐
···	3+3+3 = ☐	3 × ☐ = ☐
····	3+3+3+3 = ☐	☐ × ☐ = ☐
·····	3+3+3+3+3 = ☐	☐ × ☐ = ☐
······	3+3+3+3+3+3 = ☐	☐ × ☐ = ☐
·······	3+3+3+3+3+3+3 = ☐	☐ × ☐ = ☐
········	3+3+3+3+3+3+3+3 = ☐	☐ × ☐ = ☐
·········	3+3+3+3+3+3+3+3+3 = ☐	☐ × ☐ = ☐
··········	3+3+3+3+3+3+3+3+3+3 = ☐	☐ × ☐ = ☐

3단 곱셈은 (_____)씩 커지고 있어요!

배움 2 **3단 곱셈구구**

6 쿠키의 개수를 보고 곱셈식을 완성하세요.

3 × ☐ = ☐

3 × ☐ = ☐

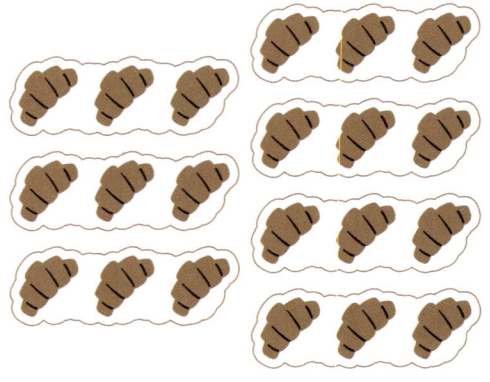

☐ × ☐ = ☐

☐ × ☐ = ☐

7 아래와 같이 곱셈식을 그림으로 나타내 보세요.

3 × 4 = 12

3 × 7 = 21

3 × 1 = 3

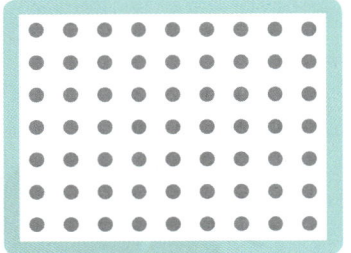

3 × 5 = 15

3 × 6 = 18

3 × 3 = 9

배움 2 3단 곱셈구구

8 3부터 3씩 뛰어센 수에 ○표시하고, 빈칸에 알맞은 답을 쓰세요.

| 1 | 2 | ③ | 4 | 5 | ⑥ | 7 | 8 | 9 | 10 | 11 | 12 | 13 | 14 | 15 |
| 16 | 17 | 18 | 19 | 20 | 21 | 22 | 23 | 24 | 25 | 26 | 27 | 28 | 29 | 30 |

3 × 1 = ☐   3 × 2 = ☐   3 × 3 = ☐

3 × 4 = ☐   3 × 5 = ☐   3 × 6 = ☐

3 × 7 = ☐   3 × 8 = ☐   3 × 9 = ☐

3 × 10 = ☐

9 곱셈식과 답을 알맞게 연결하세요.

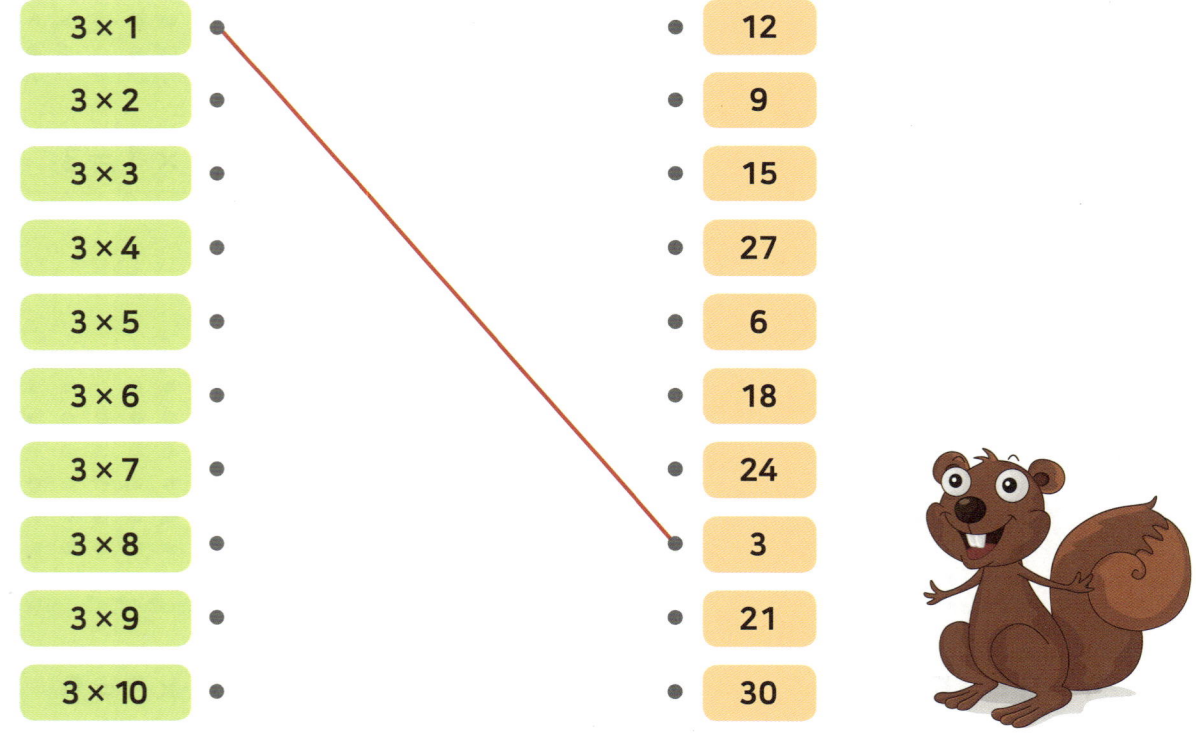

10 뛰어세기를 하며 곱셈을 해보세요.

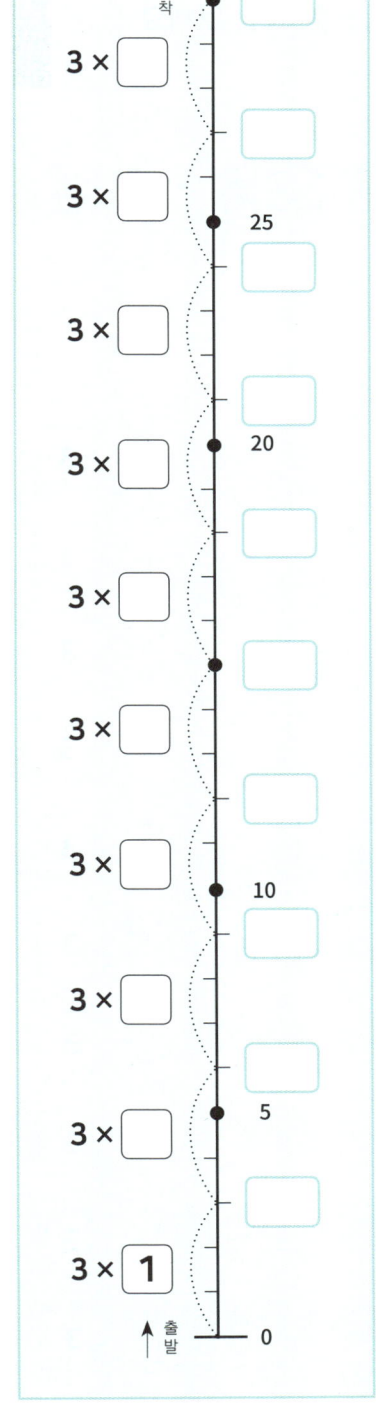

배움 3

2단 곱셈구구와 3단 곱셈구구

월 일

1 영상을 보며 2단 곱셈과 3단 곱셈을 외워 보세요.

 열심히 연습했으면 ○표하세요.

함께하기 스스로 하기

2 빈칸에 알맞은 답을 쓰세요.

2 × 1 = 2		3 × 1 = 3
2 × 2 =		3 × 2 =
2 × 3 = 6		3 × 3 = 9
2 × 4 =		3 × 4 =
2 × 5 = 10		3 × 5 = 15
2 × 6 =		3 × 6 =
2 × 7 = 14		3 × 7 = 21
2 × 8 =		3 × 8 =
2 × 9 = 18		3 × 9 = 27
2 × 10 =		3 × 10 =

3 빈칸에 알맞은 답을 쓰세요.

2	×	1	=		3	×	1	=	
2	×	2	=	4	3	×	2	=	6
2	×	3	=		3	×	3	=	
2	×	4	=	8	3	×	4	=	12
2	×	5	=		3	×	5	=	
2	×	6	=	12	3	×	6	=	18
2	×	7	=		3	×	7	=	
2	×	8	=	16	3	×	8	=	24
2	×	9	=		3	×	9	=	
2	×	10	=	20	3	×	10	=	30

4 빈칸에 알맞은 답을 쓰세요.

2	×	5	=	10	3	×	5	=	15
2	×	6	=		3	×	6	=	
2	×	7	=		3	×	7	=	
2	×	8	=		3	×	8	=	
2	×	9	=		3	×	9	=	

배움 3 2단 곱셈구구와 3단 곱셈구구

5 2단과 3단의 곱셈을 완성해보세요.

2 × 1 = ☐	3 × 1 = ☐
2 × 2 = ☐	3 × 2 = ☐
2 × ☐ = ☐	3 × ☐ = ☐
2 × ☐ = ☐	3 × ☐ = ☐
2 × ☐ = ☐	3 × ☐ = ☐
2 × ☐ = ☐	3 × ☐ = ☐
2 × ☐ = ☐	3 × ☐ = ☐
2 × ☐ = ☐	3 × ☐ = ☐
2 × ☐ = ☐	3 × ☐ = ☐
2 × ☐ = ☐	3 × ☐ = ☐

배움 4
4단 곱셈구구

월   일

1 영상을 보며 4단 곱셈을 외워 보세요.

열심히 연습했으면 ○표하세요.

 함께하기

스스로 하기

2 곱셈을 잘하게 해주는 덧셈을 하세요.

4 + 4 =
8 + 4 =
12 + 4 =
16 + 4 =
20 + 4 =
24 + 4 =
28 + 4 =

32 + 4 =
36 + 4 =
20 + 4 =
20 + 8 =
20 + 12 =
20 + 16 =
20 + 20 =

배움 4 **4단 곱셈구구**

3 아래와 같이 그림을 보고 곱셈식을 완성하세요.

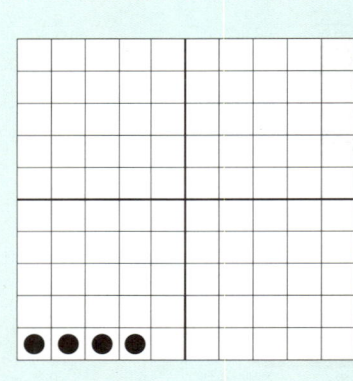

$4 \times 1 = 4$

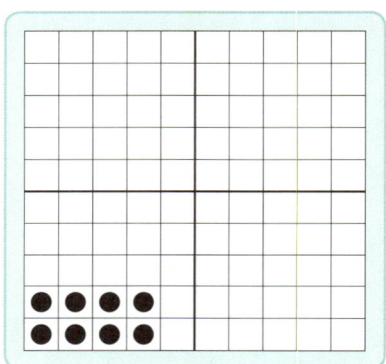

$4 \times \boxed{} = \boxed{}$

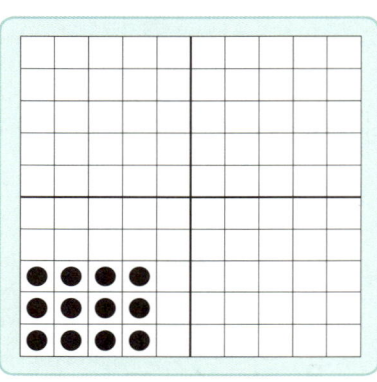

$4 \times \boxed{} = \boxed{}$

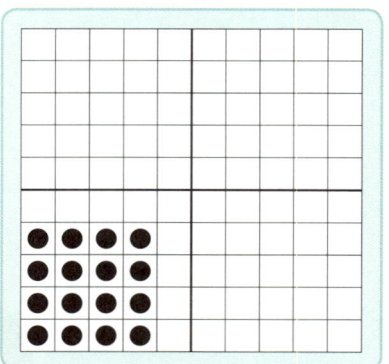

$\boxed{} \times \boxed{} = \boxed{}$

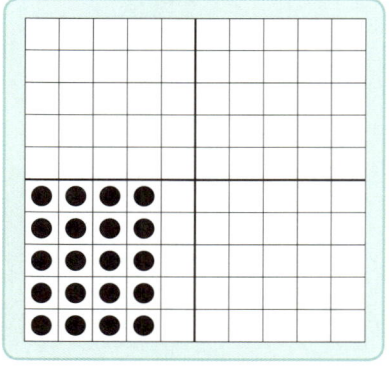

$\boxed{} \times \boxed{} = \boxed{}$

4. 아래와 같이 그림을 보고 곱셈식을 완성하세요.

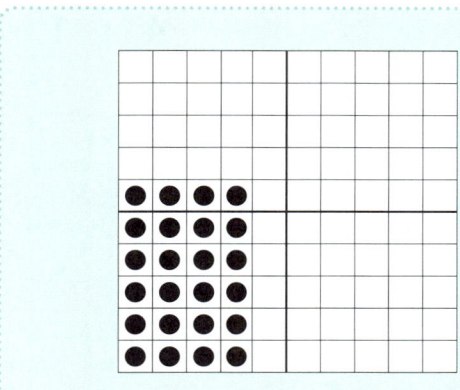

4 × 6 = 24

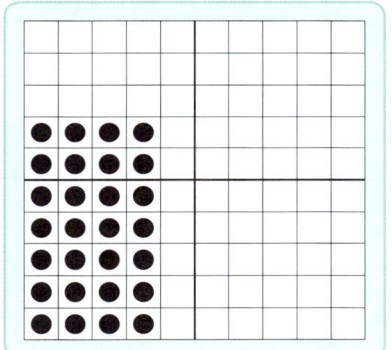

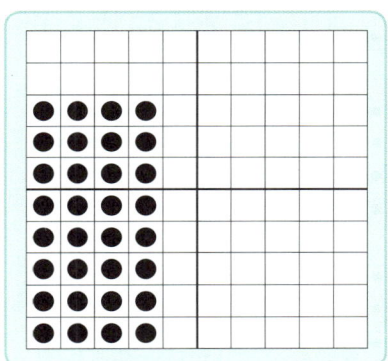

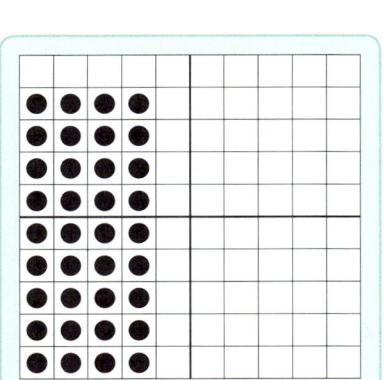

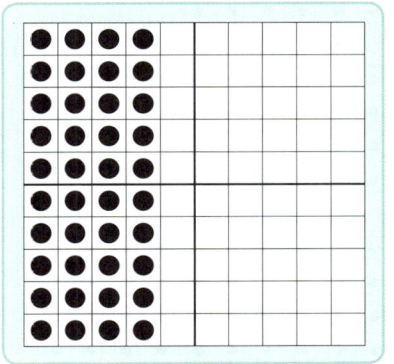

배움 4 **4단 곱셈구구**

5 아래와 같이 그림을 보고 곱셈식을 완성하세요.

그림	덧셈식	곱셈식
⚃	4	4 × 1 = 4
⚃ ⚃	4+4 = ☐	4 × ☐ = ☐
⚃ ⚃ ⚃	4+4+4 = ☐	4 × ☐ = ☐
⚃ ⚃ ⚃ ⚃	4+4+4+4 = ☐	☐ × ☐ = ☐
⚃ ⚃ ⚃ ⚃ ⚃	4+4+4+4+4 = ☐	☐ × ☐ = ☐
⚃ ⚃ ⚃ ⚃ ⚃ ⚃	4+4+4+4+4+4 = ☐	☐ × ☐ = ☐
⚃ ⚃ ⚃ ⚃ ⚃ ⚃ ⚃	4+4+4+4+4+4+4 = ☐	☐ × ☐ = ☐
⚃ ⚃ ⚃ ⚃ ⚃ ⚃ ⚃ ⚃	4+4+4+4+4+4+4+4 = ☐	☐ × ☐ = ☐
⚃ ⚃ ⚃ ⚃ ⚃ ⚃ ⚃ ⚃ ⚃	4+4+4+4+4+4+4+4+4 = ☐	☐ × ☐ = ☐
⚃ ⚃ ⚃ ⚃ ⚃ ⚃ ⚃ ⚃ ⚃ ⚃	4+4+4+4+4+4+4+4+4+4 = ☐	☐ × ☐ = ☐

4단 곱셈은 (_____)씩 커지고 있어요!

6 잠자리 날개의 수를 보고 곱셈식을 완성하세요.

4   4   4

4 × 3 = 12

4 × □ = □

4 × □ = □

□ × □ = □

□ × □ = □

배움 4 4단 곱셈구구

7 아래와 같이 곱셈식을 그림으로 나타내 보세요.

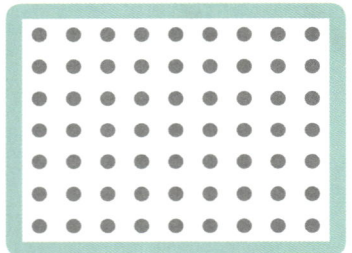

4 × 3 = 12

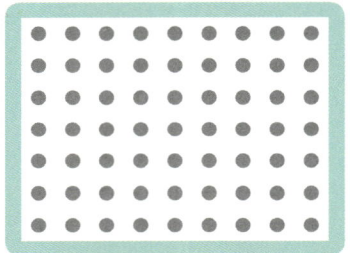

4 × 4 = 16

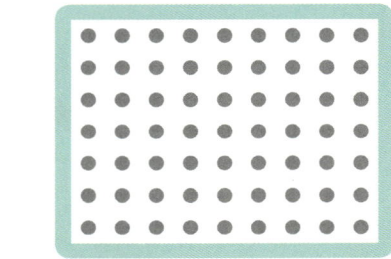

4 × 7 = 28

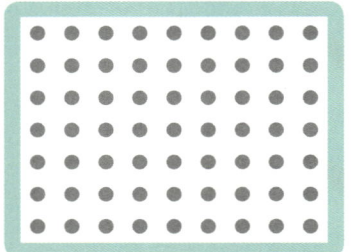

4 × 5 = 20

4 × 6 = 24

4 × 1 = 4

8 4부터 4씩 뛰어센 수에 ○표시하고, 빈칸에 알맞은 답을 쓰세요.

| 1 | 2 | 3 | ④ | 5 | 6 | 7 | ⑧ | 9 | 10 | 11 | 12 | 13 | 14 | 15 | 16 | 17 | 18 | 19 | 20 |
| 21 | 22 | 23 | 24 | 25 | 26 | 27 | 28 | 29 | 30 | 31 | 32 | 33 | 34 | 35 | 36 | 37 | 38 | 39 | 40 |

4 × 1 = ☐   4 × 2 = ☐   4 × 3 = ☐

4 × 4 = ☐   4 × 5 = ☐   4 × 6 = ☐

4 × 7 = ☐   4 × 8 = ☐   4 × 9 = ☐

4 × 10 = ☐

9 곱셈식과 답을 알맞게 연결하세요.

4 × 1 •   • 12
4 × 2 •   • 16
4 × 3 •   • 8
4 × 4 •   • 20
4 × 5 •   • 40
4 × 6 •   • 36
4 × 7 •   • 4
4 × 8 •   • 24
4 × 9 •   • 32
4 × 10 •   • 28

배움 4 **4단 곱셈구구**

10 뛰어세기를 하며 곱셈을 해보세요.

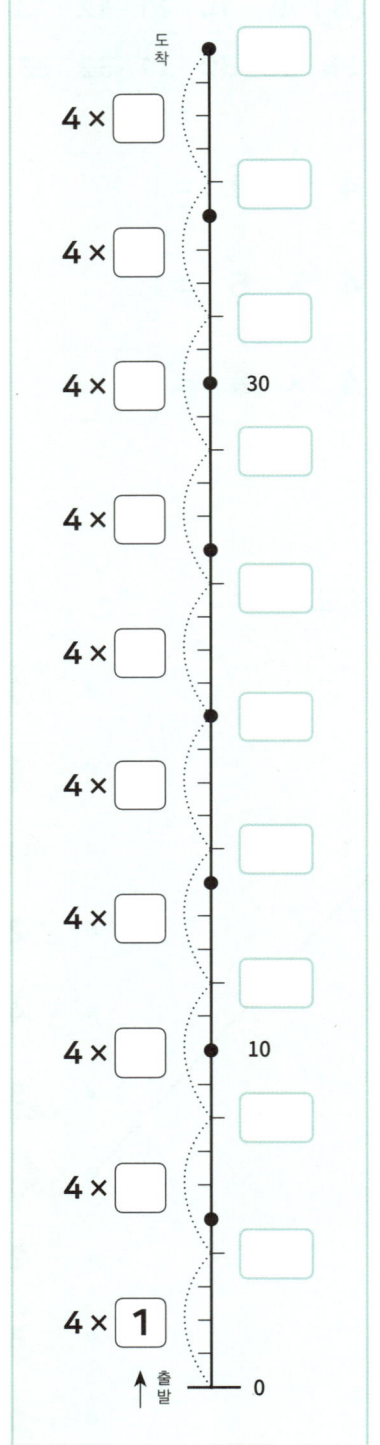

배움 5

5단 곱셈구구

월   일

1. 영상을 보며 5단 곱셈을 외워 보세요.

열심히 연습했으면 ○표하세요.

함께하기	스스로 하기

2. 곱셈을 잘하게 해주는 덧셈을 하세요.

5 + 5 =
10 + 5 =
15 + 5 =
20 + 5 =
25 + 5 =
30 + 5 =
35 + 5 =

40 + 5 =
45 + 5 =
25 + 5 =
25 + 10 =
25 + 15 =
25 + 20 =
25 + 25 =

배움 5 **5단 곱셈구구**

3 아래와 같이 그림을 보고 곱셈식을 완성하세요.

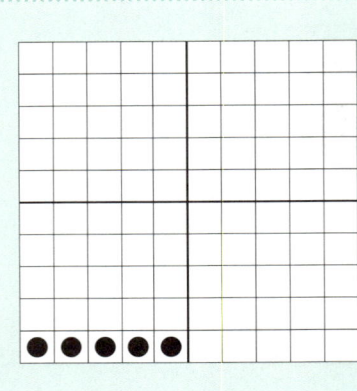

5 × 1 = 5

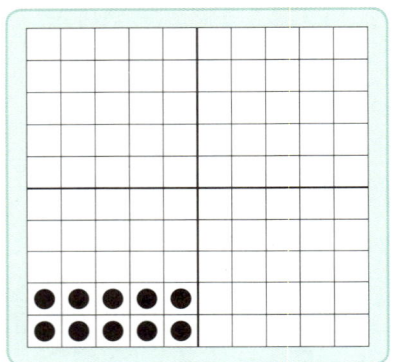

5 × ☐ = ☐

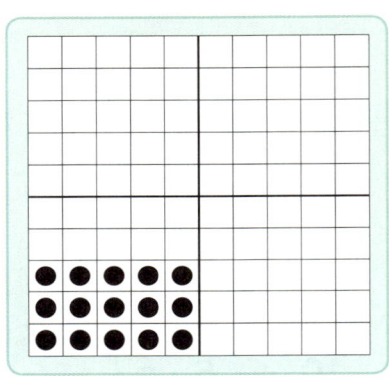

5 × ☐ = ☐

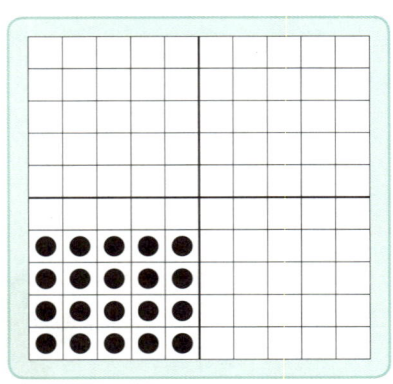

☐ × ☐ = ☐

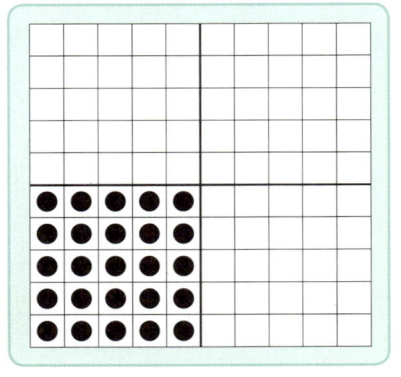

☐ × ☐ = ☐

4 아래와 같이 그림을 보고 곱셈식을 완성하세요.

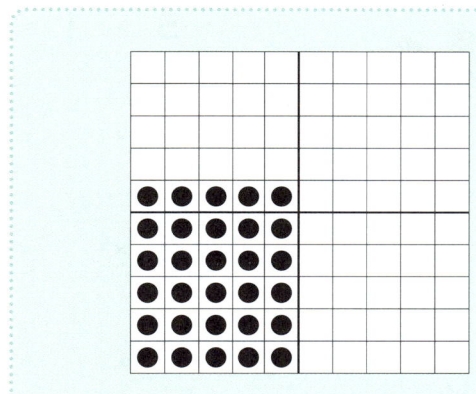

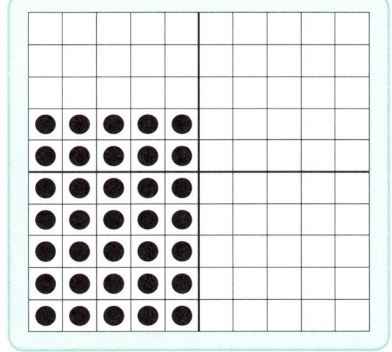
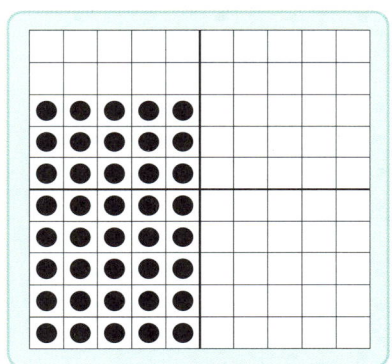

☐ × ☐ = ☐   ☐ × ☐ = ☐

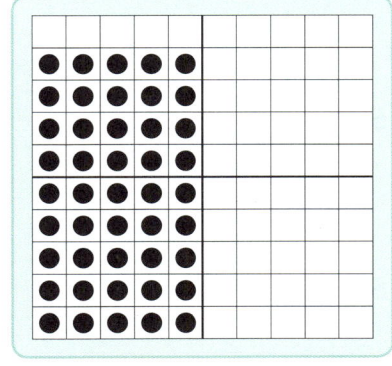
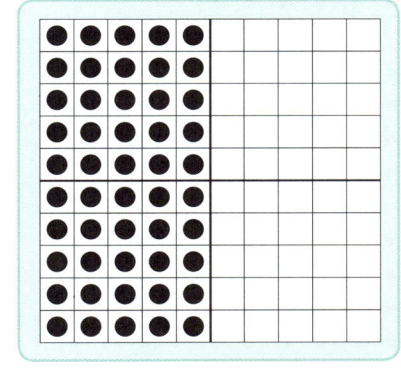

☐ × ☐ = ☐   ☐ × ☐ = ☐

배움 5 5단 곱셈구구

5 아래와 같이 그림을 보고 곱셈식을 완성하세요.

그림	덧셈식	곱셈식
·	5	5 × 1 = 5
· ·	5+5 = ☐	5 × ☐ = ☐
· · ·	5+5+5 = ☐	5 × ☐ = ☐
· · · ·	5+5+5+5 = ☐	☐ × ☐ = ☐
· · · · ·	5+5+5+5+5 = ☐	☐ × ☐ = ☐
· · · · · ·	5+5+5+5+5+5 = ☐	☐ × ☐ = ☐
· · · · · · ·	5+5+5+5+5+5+5 = ☐	☐ × ☐ = ☐
· · · · · · · ·	5+5+5+5+5+5+5+5 = ☐	☐ × ☐ = ☐
· · · · · · · · ·	5+5+5+5+5+5+5+5+5 = ☐	☐ × ☐ = ☐
· · · · · · · · · ·	5+5+5+5+5+5+5+5+5+5 = ☐	☐ × ☐ = ☐

5단 곱셈은 (_____)씩 커지고 있어요!

6 콩의 개수를 보고 곱셈식을 완성하세요.

5 × ☐ = ☐

5 × ☐ = ☐

☐ × ☐ = ☐

☐ × ☐ = ☐

배움 5 5단 곱셈구구

7 아래와 같이 곱셈식을 그림으로 나타내 보세요.

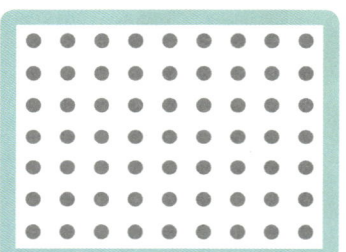

5 × 1 = 5

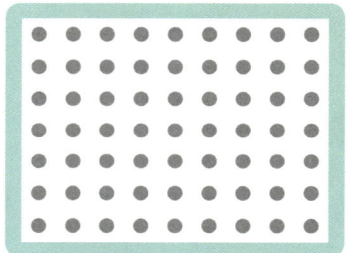

5 × 5 = 25

5 × 7 = 35

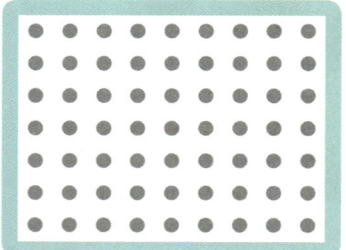

5 × 3 = 15

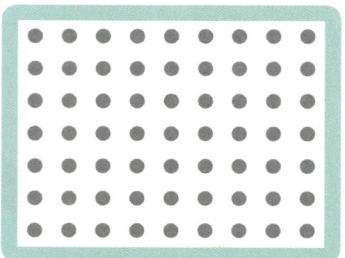

5 × 6 = 30

5 × 4 = 20

8 5부터 5씩 뛰어센 수에 ○표시하고, 빈칸에 알맞은 답을 쓰세요.

1	2	3	4	⑤	6	7	8	9	⑩	11	12	13	14	15	16	17	18	19	20
21	22	23	24	25	26	27	28	29	30	31	32	33	34	35	36	37	38	39	40
41	42	43	44	45	46	47	48	49	50

5 × 1 = ☐   5 × 2 = ☐   5 × 3 = ☐

5 × 4 = ☐   5 × 5 = ☐   5 × 6 = ☐

5 × 7 = ☐   5 × 8 = ☐   5 × 9 = ☐

5 × 10 = ☐

9 곱셈식과 답을 알맞게 연결하세요.

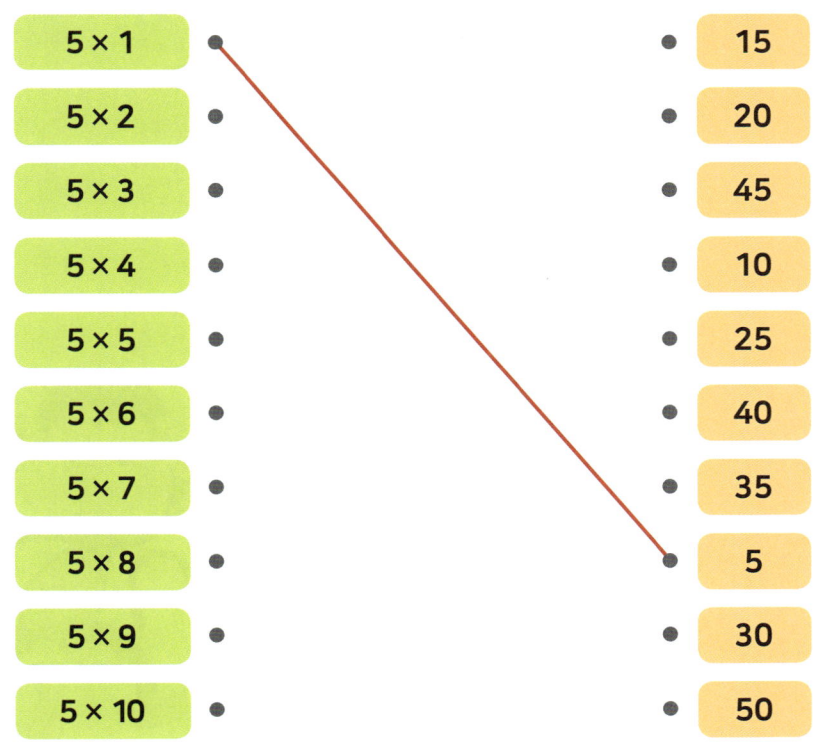

45

배움 5 **5단 곱셈구구**

10 뛰어세기를 하며 곱셈을 해보세요.

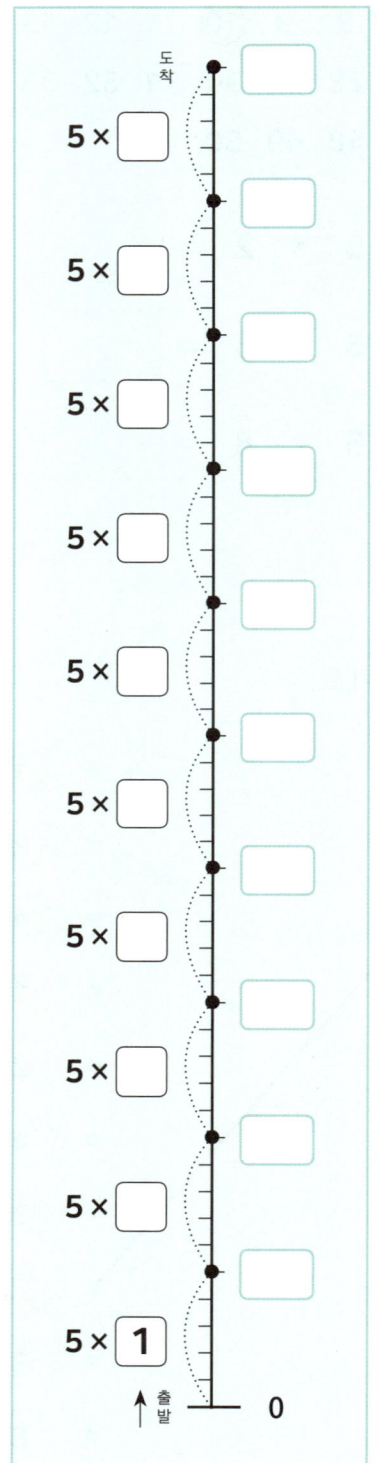

배움 6

4단 곱셈구구와 5단 곱셈구구

월   일

1. 영상을 보며 4단 곱셈과 5단 곱셈을 외워 보세요.

 열심히 연습했으면 ○표하세요.

 함께하기   스스로 하기

2. 빈칸에 알맞은 답을 쓰세요.

4 × 1 = 4		5 × 1 = 5
4 × 2 =		5 × 2 =
4 × 3 = 12		5 × 3 = 15
4 × 4 =		5 × 4 =
4 × 5 = 20		5 × 5 = 25
4 × 6 =		5 × 6 =
4 × 7 = 28		5 × 7 = 35
4 × 8 =		5 × 8 =
4 × 9 = 36		5 × 9 = 45
4 × 10 =		5 × 10 =

배움 6 4단 곱셈구구와 5단 곱셈구구

3 빈칸에 알맞은 답을 쓰세요.

4	×	1	=	
4	×	2	=	8
4	×	3	=	
4	×	4	=	16
4	×	5	=	
4	×	6	=	24
4	×	7	=	
4	×	8	=	32
4	×	9	=	
4	×	10	=	40

5	×	1	=	
5	×	2	=	10
5	×	3	=	
5	×	4	=	20
5	×	5	=	
5	×	6	=	30
5	×	7	=	
5	×	8	=	40
5	×	9	=	
5	×	10	=	50

4 빈칸에 알맞은 답을 쓰세요.

4	×	5	=	
4	×	6	=	
4	×	7	=	
4	×	8	=	
4	×	9	=	

5	×	5	=	
5	×	6	=	
5	×	7	=	
5	×	8	=	
5	×	9	=	

5 4단과 5단의 곱셈을 완성해보세요.

4 × 1 =		5 × 1 =
4 × 2 =		5 × 2 =
4 × ☐ =		5 × ☐ =
4 × ☐ =		5 × ☐ =
4 × ☐ =		5 × ☐ =
4 × ☐ =		5 × ☐ =
4 × ☐ =		5 × ☐ =
4 × ☐ =		5 × ☐ =
4 × ☐ =		5 × ☐ =
4 × ☐ =		5 × ☐ =

배움 7

내 실력 어디까지 왔을까?

월   일

🥇 금메달	🥈 은메달	🥉 동메달
35~40개	30~34개	25~29개

맞은 개수

개 / 40개

메달 스티커를 붙여주세요.

2단
- 2 × 1 = ___
- 2 × 2 = ___
- 2 × 3 = ___
- 2 × 4 = ___
- 2 × 5 = ___
- 2 × 6 = ___
- 2 × 7 = ___
- 2 × 8 = ___
- 2 × 9 = ___
- 2 × 10 = ___

3단
- 3 × 1 = ___
- 3 × 2 = ___
- 3 × 3 = ___
- 3 × 4 = ___
- 3 × 5 = ___
- 3 × 6 = ___
- 3 × 7 = ___
- 3 × 8 = ___
- 3 × 9 = ___
- 3 × 10 = ___

4단
- 4 × 1 = ___
- 4 × 2 = ___
- 4 × 3 = ___
- 4 × 4 = ___
- 4 × 5 = ___
- 4 × 6 = ___
- 4 × 7 = ___
- 4 × 8 = ___
- 4 × 9 = ___
- 4 × 10 = ___

5단
- 5 × 1 = ___
- 5 × 2 = ___
- 5 × 3 = ___
- 5 × 4 = ___
- 5 × 5 = ___
- 5 × 6 = ___
- 5 × 7 = ___
- 5 × 8 = ___
- 5 × 9 = ___
- 5 × 10 = ___

배움 8

2×6, 2×7, 2×8, 2×9, 2×10

월   일

1 영상을 보며 2단 곱셈을 외워 보세요.

🐛 열심히 연습했으면 ○표하세요.

| 함께하기 | 스스로 하기 |

2 곱셈을 잘하게 해주는 덧셈을 하세요.

2 + 2 = ☐   16 + 2 = ☐

4 + 2 = ☐   18 + 2 = ☐

6 + 2 = ☐   10 + 2 = ☐

8 + 2 = ☐   10 + 4 = ☐

10 + 2 = ☐   10 + 6 = ☐

12 + 2 = ☐   10 + 8 = ☐

14 + 2 = ☐   10 + 10 = ☐

배움 8 2×6, 2×7, 2×8, 2×9, 2×10

3 아래와 같이 그림을 보고 곱셈식을 완성하세요.

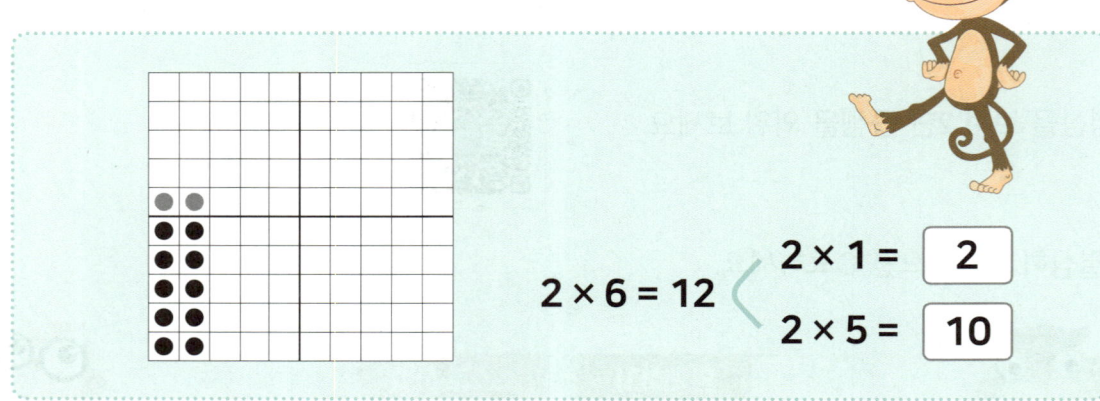

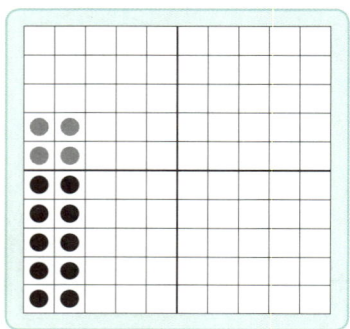

2 × 7 = 14 ⟨ 2 × 2 = ☐
         2 × 5 = ☐

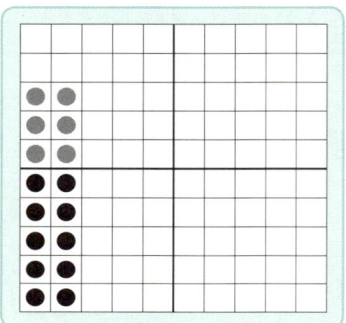

2 × 8 = 16 ⟨ 2 × 3 = ☐
         2 × 5 = ☐

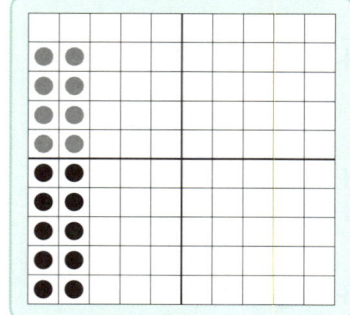

2 × 9 = 18 ⟨ 2 × 4 = ☐
         2 × 5 = ☐

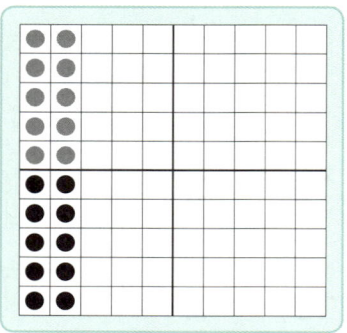

2 × 10 = 20 ⟨ 2 × 5 = ☐
          2 × 5 = ☐

4 ☐ 안의 곱셈식을 만들 수 있는 2개의 식을 찾아 연결하세요.

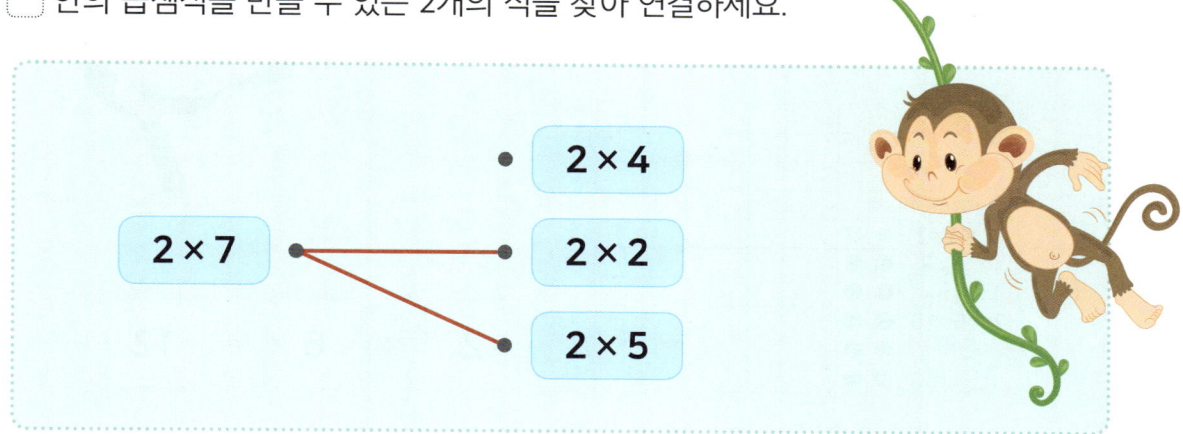

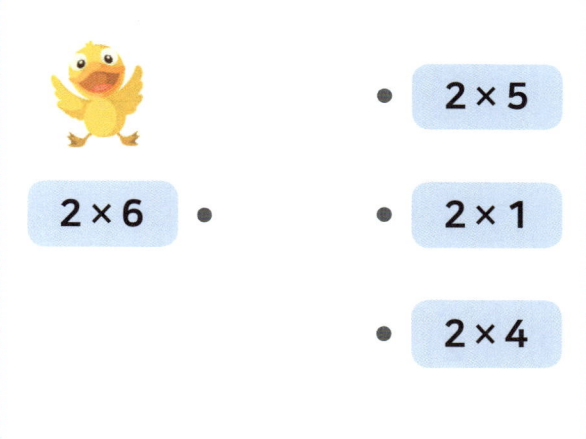

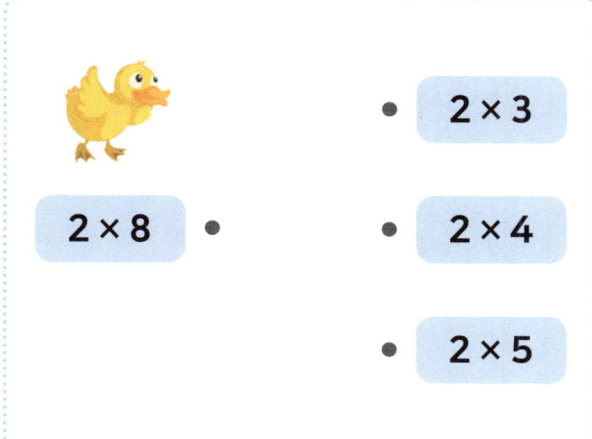

배움 8 2x6, 2x7, 2x8, 2x9, 2x10

5 보기 와 같이 그림을 보고 빈칸에 알맞은 곱셈식을 쓰세요.

보기

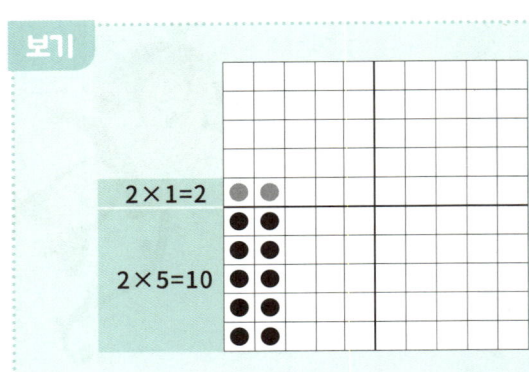

2 × 6 = 12

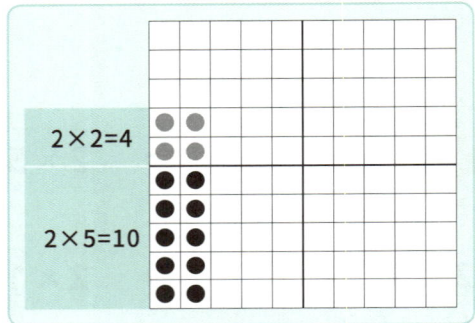

2 × ☐ = ☐

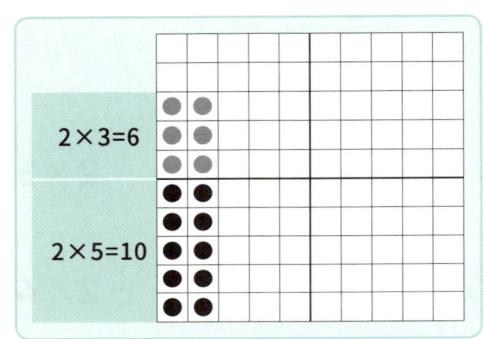

2 × ☐ = ☐

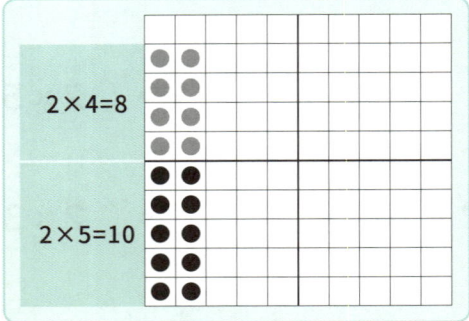

2 × ☐ = ☐

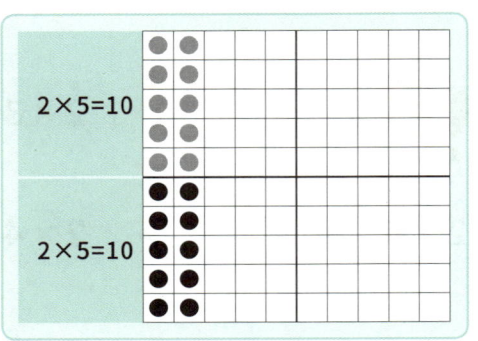

2 × ☐ = ☐

6 보기 와 같이 곱셈식을 2 × 5와 2 × 몇으로 나타내보세요.

보기

2 × 6 < 2 × 1
         2 × 5

2 × 8 < ☐ × ☐
         2 × 5

2 × 7 < ☐ × ☐
         2 × 5

2 × 10 < ☐ × ☐
          2 × 5

2 × 9 < ☐ × ☐
         2 × 5

7 빈칸에 알맞은 답을 쓰세요.

2 × 1 = ☐
2 × 5 = ☐
2 × 6 = ☐

2 × 3 = ☐
2 × 5 = ☐
2 × 8 = ☐

2 × 2 = ☐
2 × 5 = ☐
2 × 7 = ☐

2 × 4 = ☐
2 × 5 = ☐
2 × 9 = ☐

배움 8 2x6, 2x7, 2x8, 2x9, 2x10

8 곱셈표를 완성해보세요.

×	1	2	3	4	5	6	7	8	9	10
2	2	4								

×	1	3	5	7	9	2	4	6	8	10
2										

×	2	5	1	3	4	8	6	9	7	10
2										

×	3	6	7	9	1	8	2	10	4	5
2										

배움 9

3×6, 3×7, 3×8, 3×9, 3×10

월   일

1 영상을 보며 3단 곱셈을 외워 보세요.

열심히 연습했으면 ○표하세요.

함께하기   스스로 하기

2 곱셈을 잘하게 해주는 덧셈을 하세요.

3 + 3 =   　　　24 + 3 =

6 + 3 =   　　　27 + 3 =

9 + 3 =   　　　15 + 3 =

12 + 3 =   　　　15 + 6 =

15 + 3 =   　　　15 + 9 =

18 + 3 =   　　　15 + 12 =

21 + 3 =   　　　15 + 15 =

배움 9 3x6, 3x7, 3x8, 3x9, 3x10

3 아래와 같이 그림을 보고 곱셈식을 완성하세요.

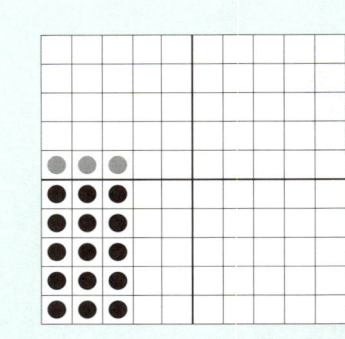

$3 \times 6 = 18$ ⟨ $3 \times 1 =$ **3**
$3 \times 5 =$ **15**

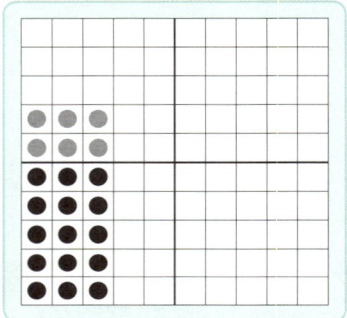

$3 \times 7 = 21$ ⟨ $3 \times 2 =$ ☐
$3 \times 5 =$ ☐

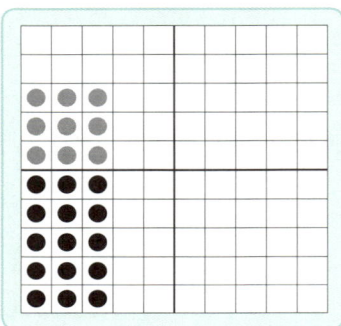

$3 \times 8 = 24$ ⟨ $3 \times 3 =$ ☐
$3 \times 5 =$ ☐

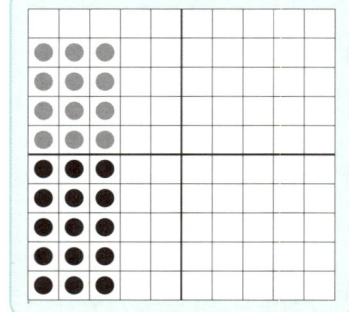

$3 \times 9 = 27$ ⟨ $3 \times 4 =$ ☐
$3 \times 5 =$ ☐

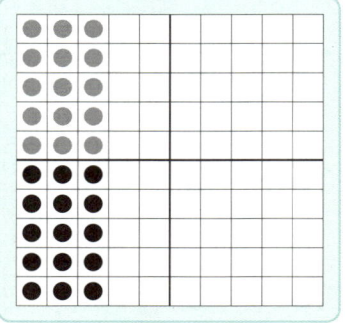

$3 \times 10 = 30$ ⟨ $3 \times 5 =$ ☐
$3 \times 5 =$ ☐

4 ☐ 안의 곱셈식을 만들 수 있는 2개의 식을 찾아 연결하세요.

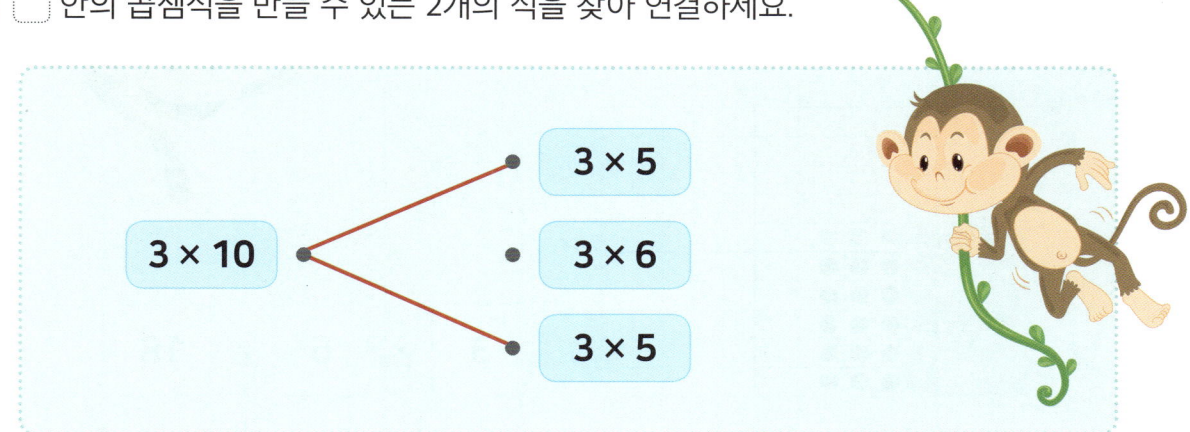

3 × 9	•	• 3 × 7
		• 3 × 4
		• 3 × 5

3 × 6	•	• 3 × 5
		• 3 × 1
		• 3 × 3

3 × 8	•	• 3 × 7
		• 3 × 3
		• 3 × 5

3 × 7	•	• 3 × 2
		• 3 × 6
		• 3 × 5

배움 9 3x6, 3x7, 3x8, 3x9, 3x10

5 보기 와 같이 그림을 보고 빈칸에 알맞은 곱셈식을 쓰세요.

보기

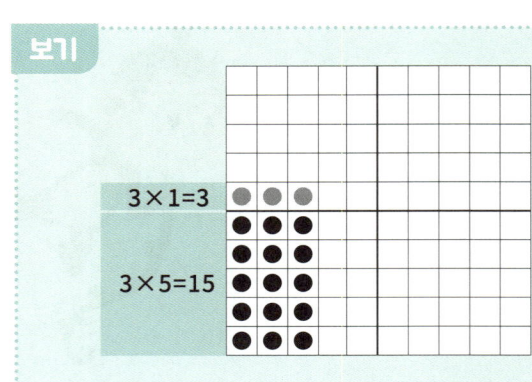

3 × 6 = 18

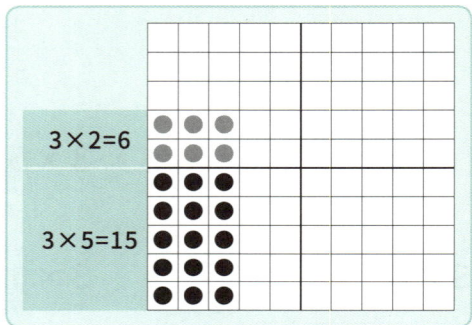

3 × ☐ = ☐

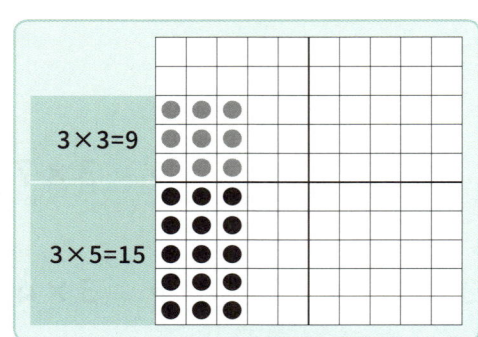

3 × ☐ = ☐

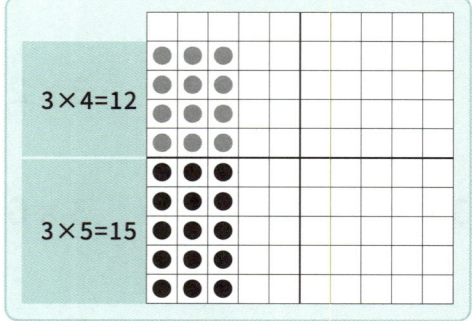

3 × ☐ = ☐

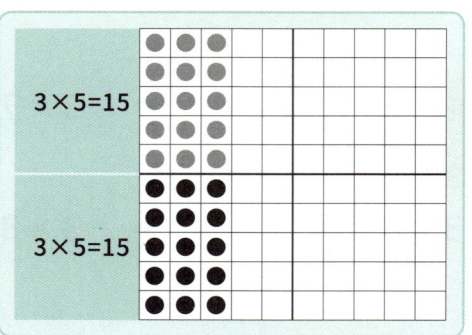

3 × ☐ = ☐

6 보기 와 같이 곱셈식을 3 × 5와 3 × 몇으로 나타내보세요.

보기: 3 × 6 < 3 × 1 , 3 × 5

3 × 8 < ☐ × ☐ , 3 × 5

3 × 7 < ☐ × ☐ , 3 × 5

3 × 10 < ☐ × ☐ , 3 × 5

3 × 9 < ☐ × ☐ , 3 × 5

7 빈칸에 알맞은 답을 쓰세요.

3 × 1 = ☐	3 × 3 = ☐
3 × 5 = ☐	3 × 5 = ☐
3 × 6 = ☐	3 × 8 = ☐

3 × 2 = ☐	3 × 4 = ☐
3 × 5 = ☐	3 × 5 = ☐
3 × 7 = ☐	3 × 9 = ☐

배움 9 3×6, 3×7, 3×8, 3×9, 3×10

8 곱셈표를 완성해보세요.

×	1	2	3	4	5	6	7	8	9	10
3										

×	1	3	5	7	9	2	4	6	8	10
3										

×	2	5	1	3	4	8	6	9	7	10
3										

×	3	6	7	9	1	8	2	10	4	5
3										

배움 10

4×6, 4×7, 4×8, 4×9, 4×10

월   일

1 영상을 보며 4단 곱셈을 외워 보세요.

열심히 연습했으면 ○표하세요.

함께하기

스스로 하기

2 곱셈을 잘하게 해주는 덧셈을 하세요.

4 + 4 = ☐	32 + 4 = ☐
8 + 4 = ☐	36 + 4 = ☐
12 + 4 = ☐	20 + 4 = ☐
16 + 4 = ☐	20 + 8 = ☐
20 + 4 = ☐	20 + 12 = ☐
24 + 4 = ☐	20 + 16 = ☐
28 + 4 = ☐	20 + 20 = ☐

배움 10 4×6, 4×7, 4×8, 4×9, 4×10

3   아래와 같이 그림을 보고 곱셈식을 완성하세요.

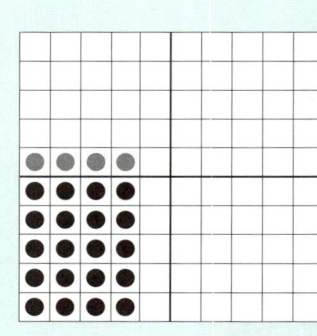

4 × 6 = 24   4 × 1 = 4
             4 × 5 = 20

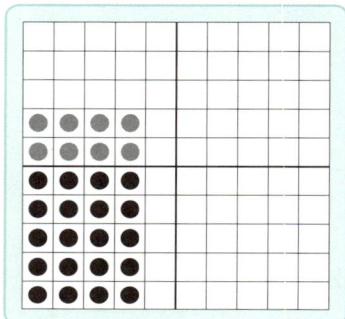

4 × 7 = 28   4 × 2 = ☐
             4 × 5 = ☐

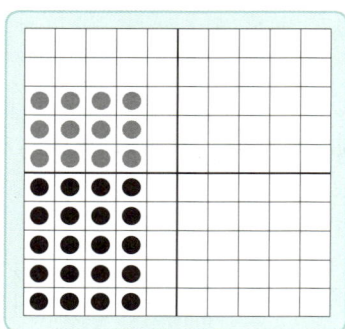

4 × 8 = 32   4 × 3 = ☐
             4 × 5 = ☐

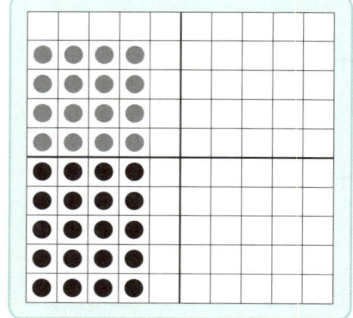

4 × 9 = 36   4 × 4 = ☐
             4 × 5 = ☐

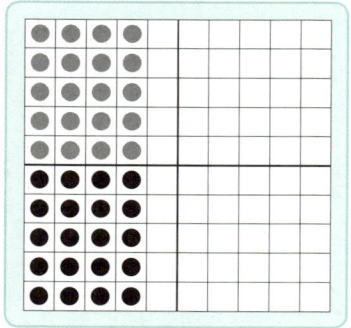

4 × 10 = 40   4 × 5 = ☐
              4 × 5 = ☐

4 ☐ 안의 곱셈식을 만들 수 있는 2개의 식을 찾아 연결하세요.

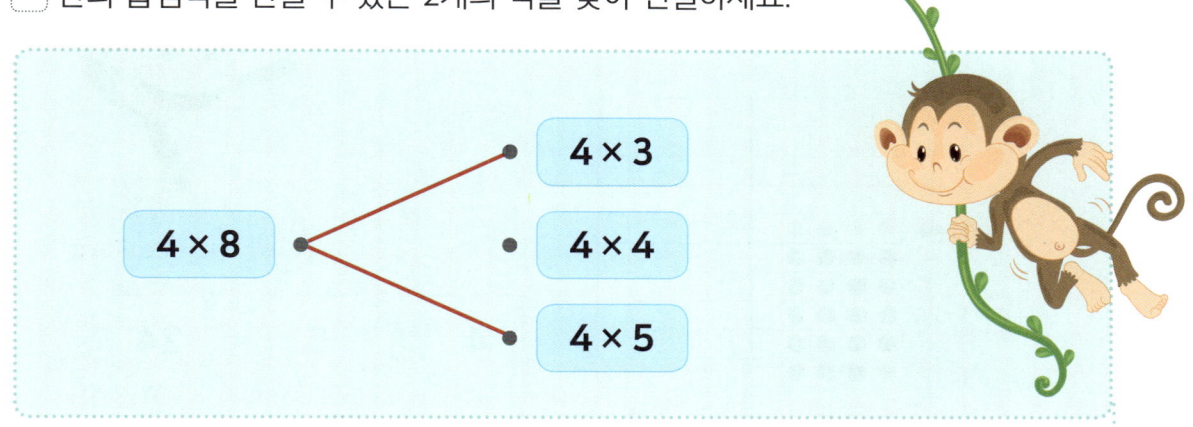

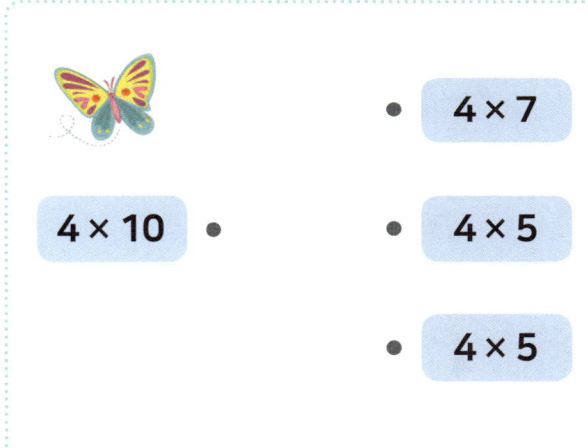

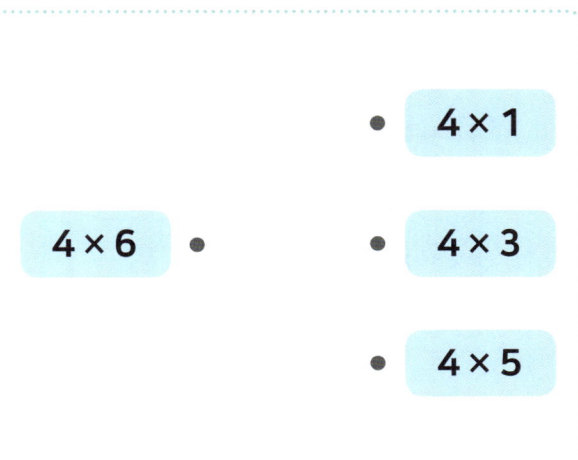

배움 10 4×6, 4×7, 4×8, 4×9, 4×10

5 보기 와 같이 그림을 보고 빈칸에 알맞은 곱셈식을 쓰세요.

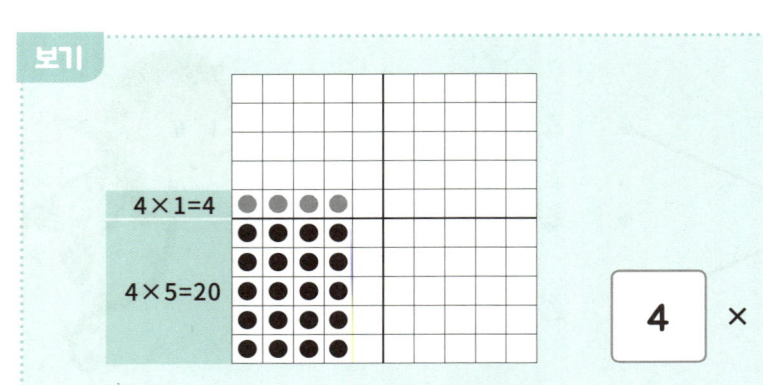

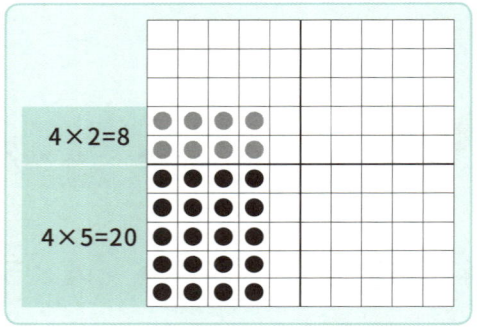

4 × ☐ = ☐

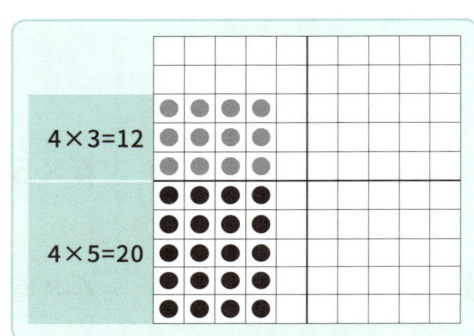

4 × ☐ = ☐

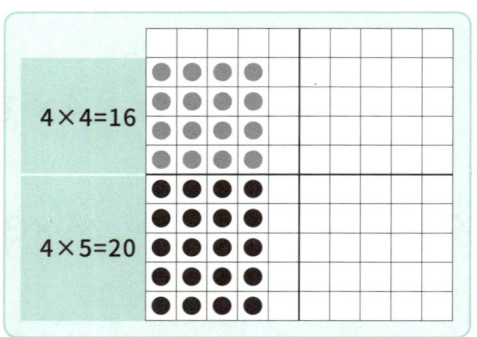

4 × ☐ = ☐

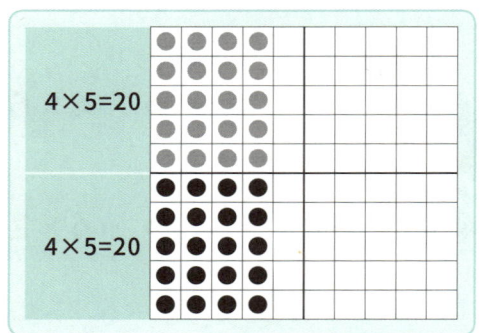

4 × ☐ = ☐

66

6 보기 와 같이 곱셈식을 4 × 5와 4 × 몇으로 나타내보세요.

보기

4 × 6 < 4 × 1
        4 × 5

4 × 7 < ☐ × ☐
        4 × 5

4 × 8 < ☐ × ☐
        4 × 5

4 × 10 < ☐ × ☐
         4 × 5

4 × 9 < ☐ × ☐
        4 × 5

7 빈칸에 알맞은 답을 쓰세요.

4 × 1 = ☐
4 × 5 = ☐
4 × 6 = ☐

4 × 3 = ☐
4 × 5 = ☐
4 × 8 = ☐

4 × 2 = ☐
4 × 5 = ☐
4 × 7 = ☐

4 × 4 = ☐
4 × 5 = ☐
4 × 9 = ☐

배움 10 4×6, 4×7, 4×8, 4×9, 4×10

8 곱셈표를 완성해보세요.

×	1	2	3	4	5	6	7	8	9	10
4										

×	1	3	5	7	9	2	4	6	8	10
4										

×	2	5	1	3	4	8	6	9	7	10
4										

×	3	6	7	9	1	8	2	10	4	5
4										

배움 11

5×6, 5×7, 5×8, 5×9, 5×10

월   일

1 영상을 보며 5단 곱셈을 외워 보세요.

열심히 연습했으면 ○표하세요.

 함께하기

스스로 하기

2 곱셈을 잘하게 해주는 덧셈을 하세요.

5 + 5 =

10 + 5 =

15 + 5 =

20 + 5 =

25 + 5 =

30 + 5 =

35 + 5 =

40 + 5 =

45 + 5 =

25 + 5 =

25 + 10 =

25 + 15 =

25 + 20 =

25 + 25 =

배움 11 5x6,5x7,5x8,5x9,5x10

3 아래와 같이 그림을 보고 곱셈식을 완성하세요.

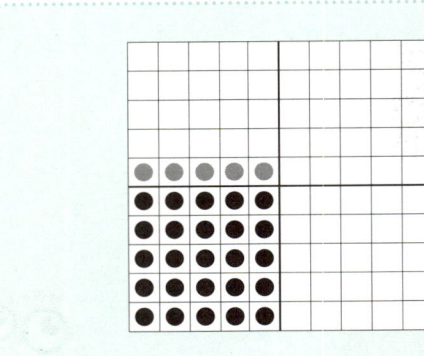

5 × 6 = 30 { 5 × 1 = 5
             5 × 5 = 25

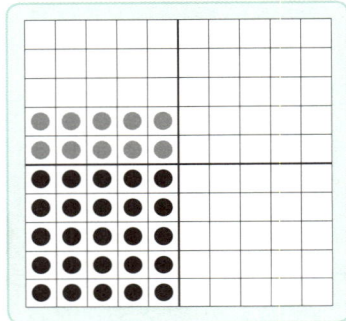

5 × 7 = 35 { 5 × 2 = ☐
             5 × 5 = ☐

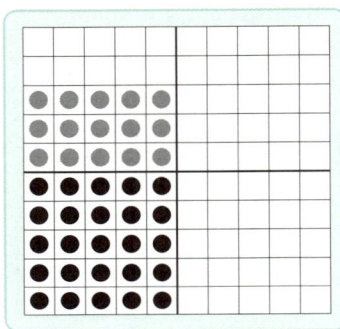

5 × 8 = 40 { 5 × 3 = ☐
             5 × 5 = ☐

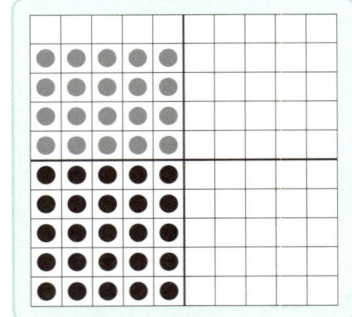

5 × 9 = 45 { 5 × 4 = ☐
             5 × 5 = ☐

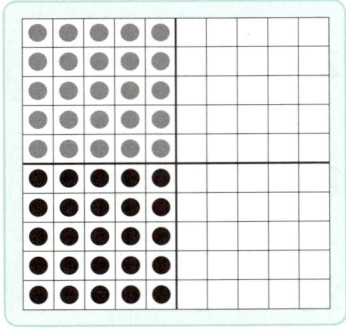

5 × 10 = 50 { 5 × 5 = ☐
              5 × 5 = ☐

4 ☐ 안의 곱셈식을 만들 수 있는 2개의 식을 찾아 연결하세요.

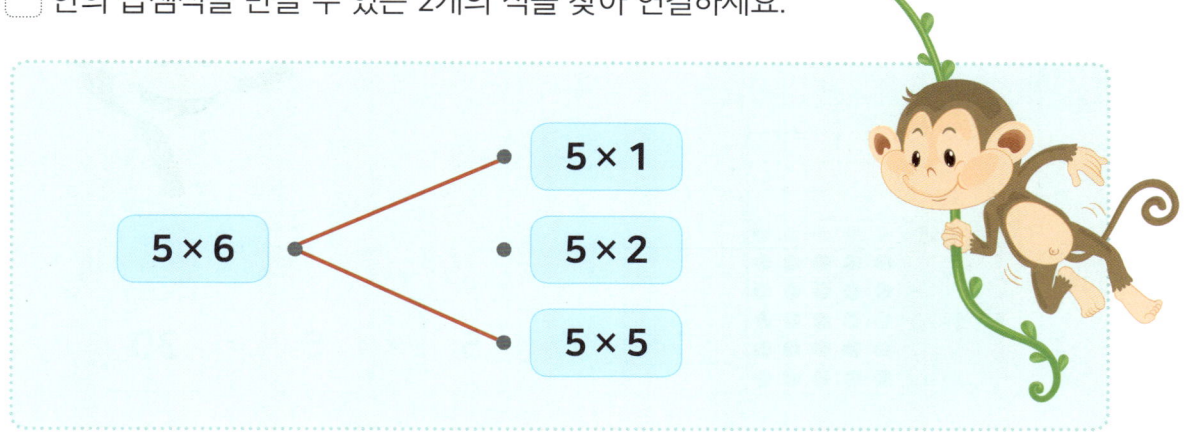

5 × 10 •	• 5 × 5	5 × 8 •	• 5 × 3
	• 5 × 4		• 5 × 5
	• 5 × 5		• 5 × 7

5 × 7 •	• 5 × 2	5 × 9 •	• 5 × 6
	• 5 × 3		• 5 × 4
	• 5 × 5		• 5 × 5

배움 11 5x6, 5x7, 5x8, 5x9, 5x10

5 보기 와 같이 그림을 보고 빈칸에 알맞은 곱셈식을 쓰세요.

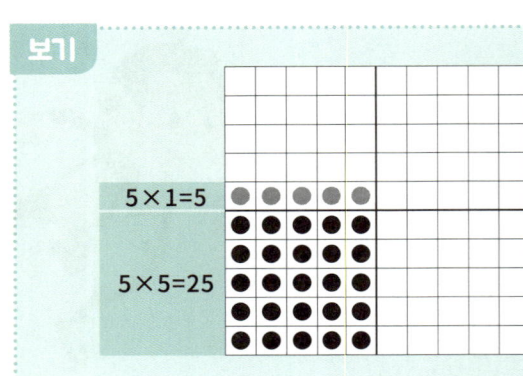

5 × 6 = 30

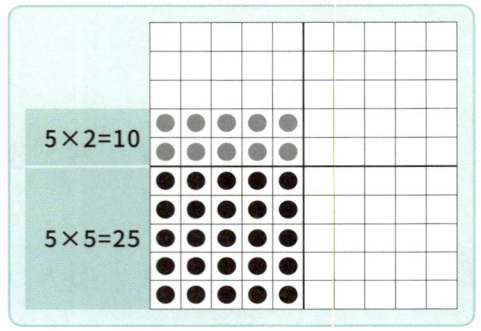

5 × ☐ = ☐

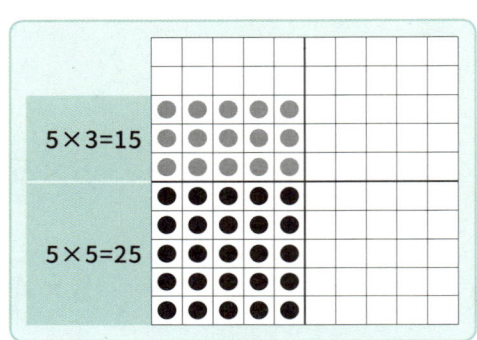

5 × ☐ = ☐

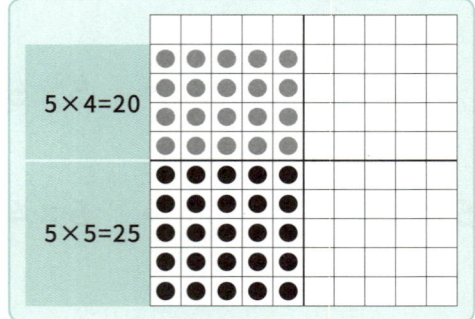

5 × ☐ = ☐

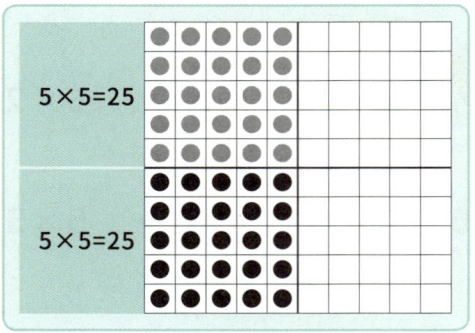

5 × ☐ = ☐

6 보기 와 같이 곱셈식을 5 × 5와 5 × 몇으로 나타내보세요.

보기

5 × 6 ⟨ 5 × 1
        5 × 5

5 × 7 ⟨ ☐ × ☐
        5 × 5

5 × 8 ⟨ ☐ × ☐
        5 × 5

5 × 10 ⟨ ☐ × ☐
         5 × 5

5 × 9 ⟨ ☐ × ☐
        5 × 5

7 빈칸에 알맞은 답을 쓰세요.

5 × 1 = ☐
5 × 5 = ☐
5 × 6 = ☐

5 × 3 = ☐
5 × 5 = ☐
5 × 8 = ☐

5 × 2 = ☐
5 × 5 = ☐
5 × 7 = ☐

5 × 4 = ☐
5 × 5 = ☐
5 × 9 = ☐

배움 11 5x6,5x7,5x8,5x9,5x10

8 곱셈표를 완성해보세요.

×	1	2	3	4	5	6	7	8	9	10
5										

×	1	3	5	7	9	2	4	6	8	10
5										

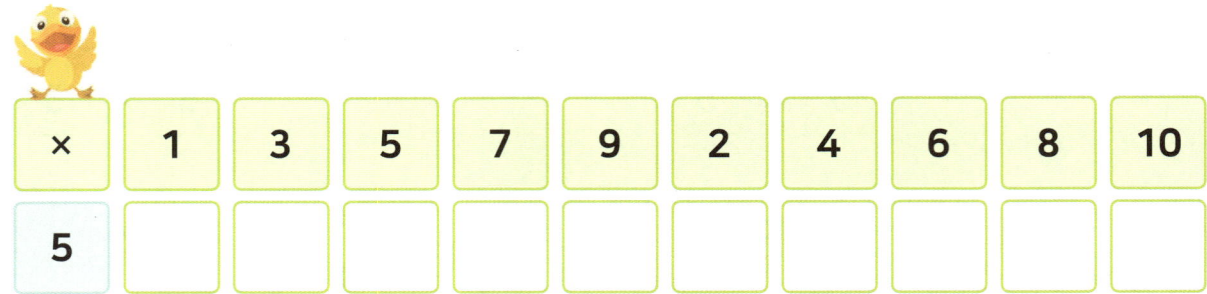

×	2	5	1	3	4	8	6	9	7	10
5										

×	3	6	7	9	1	8	2	10	4	5
5										

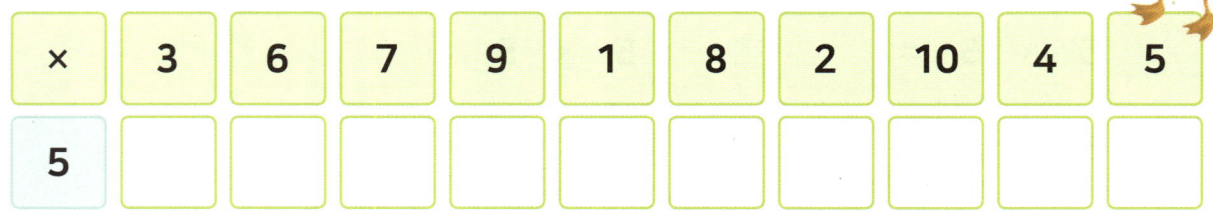

배움 12
내 실력 어디까지 왔을까?

월   일

 금메달 35~40개 은메달 30~34개 동메달 25~29개

맞은 개수 개 / 40개

메달 스티커를 붙여주세요.

2단
- 2 × 1 =
- 2 × 2 =
- 2 × 3 =
- 2 × 4 =
- 2 × 5 =
- 2 × 6 =
- 2 × 7 =
- 2 × 8 =
- 2 × 9 =
- 2 × 10 =

3단
- 3 × 1 =
- 3 × 2 =
- 3 × 3 =
- 3 × 4 =
- 3 × 5 =
- 3 × 6 =
- 3 × 7 =
- 3 × 8 =
- 3 × 9 =
- 3 × 10 =

4단
- 4 × 1 =
- 4 × 2 =
- 4 × 3 =
- 4 × 4 =
- 4 × 5 =
- 4 × 6 =
- 4 × 7 =
- 4 × 8 =
- 4 × 9 =
- 4 × 10 =

5단
- 5 × 1 =
- 5 × 2 =
- 5 × 3 =
- 5 × 4 =
- 5 × 5 =
- 5 × 6 =
- 5 × 7 =
- 5 × 8 =
- 5 × 9 =
- 5 × 10 =

배움 13

6단 곱셈구구

월   일

1 영상을 보며 6단 곱셈을 외워 보세요.

열심히 연습했으면 ○표하세요.

함께하기   스스로 하기

2 곱셈을 잘하게 해주는 덧셈을 하세요.

6 + 6 =

12 + 6 =

18 + 6 =

24 + 6 =

30 + 6 =

36 + 6 =

42 + 6 =

48 + 6 =

54 + 6 =

30 + 6 =

30 + 12 =

30 + 18 =

30 + 24 =

30 + 30 =

3 아래와 같이 그림을 보고 곱셈식을 완성하세요.

6 × 1 = 6

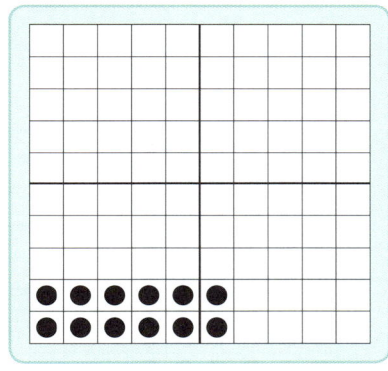

6 × ☐ = ☐

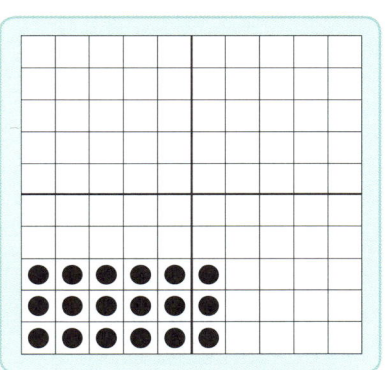

6 × ☐ = ☐

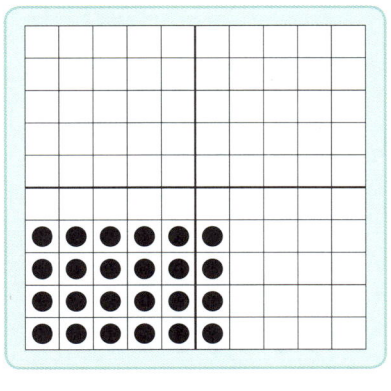

☐ × ☐ = ☐

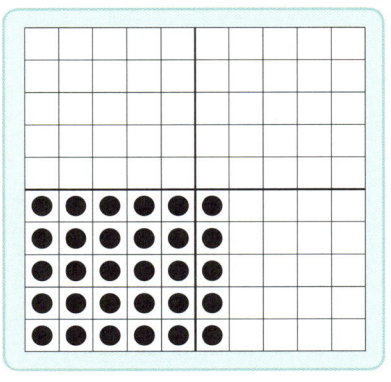

☐ × ☐ = ☐

배움 13 6단 곱셈구구

4 아래와 같이 그림을 보고 곱셈식을 완성하세요.

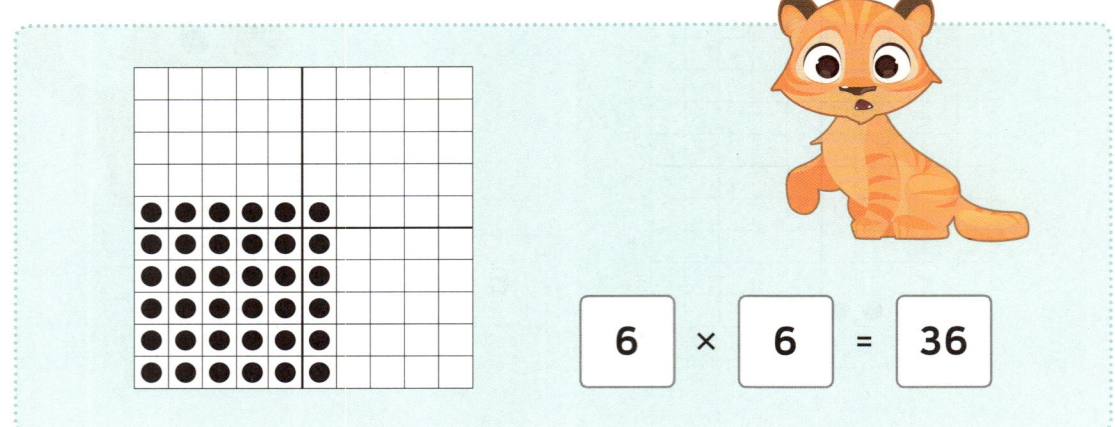

$6 \times 6 = 36$

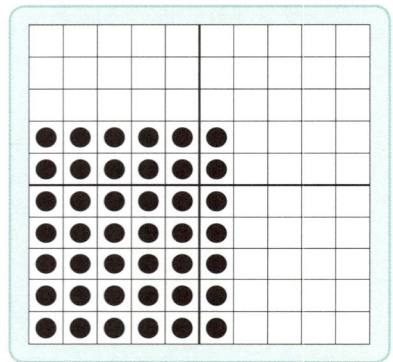

☐ × ☐ = ☐

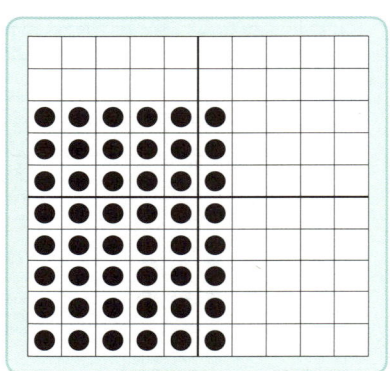

☐ × ☐ = ☐

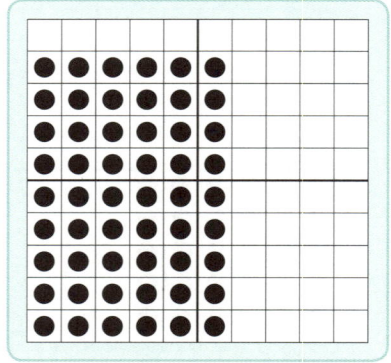

☐ × ☐ = ☐

☐ × ☐ = ☐

5 아래와 같이 그림을 보고 곱셈식을 완성하세요.

그림	덧셈식	곱셈식
⚀	6	6 × 1 = 6
⚀ ⚀	6+6 = ☐	6 × ☐ = ☐
⚀ ⚀ ⚀	6+6+6 = ☐	6 × ☐ = ☐
⚀ ⚀ ⚀ ⚀	6+6+6+6 = ☐	☐ × ☐ = ☐
⚀ ⚀ ⚀ ⚀ ⚀	6+6+6+6+6 = ☐	☐ × ☐ = ☐
⚀ ⚀ ⚀ ⚀ ⚀ ⚀	6+6+6+6+6+6 = ☐	☐ × ☐ = ☐
⚀ ⚀ ⚀ ⚀ ⚀ ⚀ ⚀	6+6+6+6+6+6+6 = ☐	☐ × ☐ = ☐
⚀ ⚀ ⚀ ⚀ ⚀ ⚀ ⚀ ⚀	6+6+6+6+6+6+6+6 = ☐	☐ × ☐ = ☐
⚀ ⚀ ⚀ ⚀ ⚀ ⚀ ⚀ ⚀ ⚀	6+6+6+6+6+6+6+6+6 = ☐	☐ × ☐ = ☐
⚀ ⚀ ⚀ ⚀ ⚀ ⚀ ⚀ ⚀ ⚀ ⚀	6+6+6+6+6+6+6+6+6+6 = ☐	☐ × ☐ = ☐

6단 곱셈은 (_____)씩 커지고 있어요!

배움 13 6단 곱셈구구

6 무당벌레 다리를 보고 곱셈식을 완성하세요.

$6 \times 2 = 12$

$6 \times \square = \square$

$6 \times \square = \square$

$\square \times \square = \square$

$\square \times \square = \square$

7 아래와 같이 곱셈식을 그림으로 나타내 보세요.

6 × 2 = 12

6 × 4 = 24

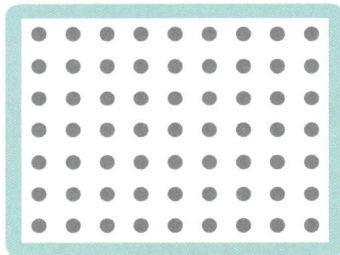

6 × 6 = 36

6 × 7 = 42

6 × 5 = 30

6 × 1 = 6

배움 13 6단 곱셈구구

8 6부터 6씩 뛰어센 수에 ○표시하고, 빈칸에 알맞은 답을 쓰세요.

1	2	3	4	5	⑥	7	8	9	10	11	⑫	13	14	15	16	17	18	19	20
21	22	23	24	25	26	27	28	29	30	31	32	33	34	35	36	37	38	39	40
41	42	43	44	45	46	47	48	49	50	51	52	53	54	55	56	57	58	59	60

6 × 1 = ☐　　6 × 2 = ☐　　6 × 3 = ☐

6 × 4 = ☐　　6 × 5 = ☐　　6 × 6 = ☐

6 × 7 = ☐　　6 × 8 = ☐　　6 × 9 = ☐

6 × 10 = ☐

9 곱셈식과 답을 알맞게 연결하세요.

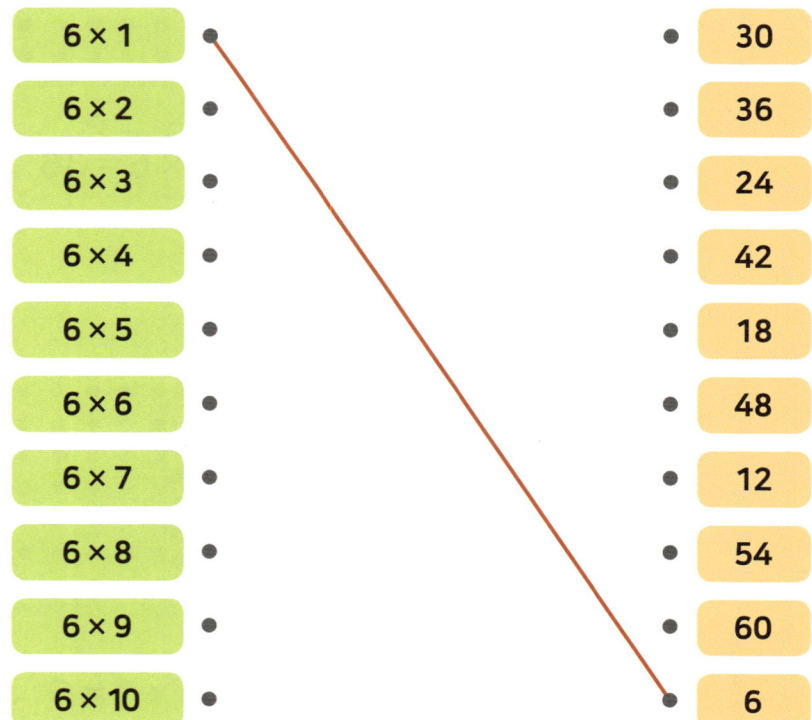

10 뛰어세기를 하며 곱셈을 해보세요.

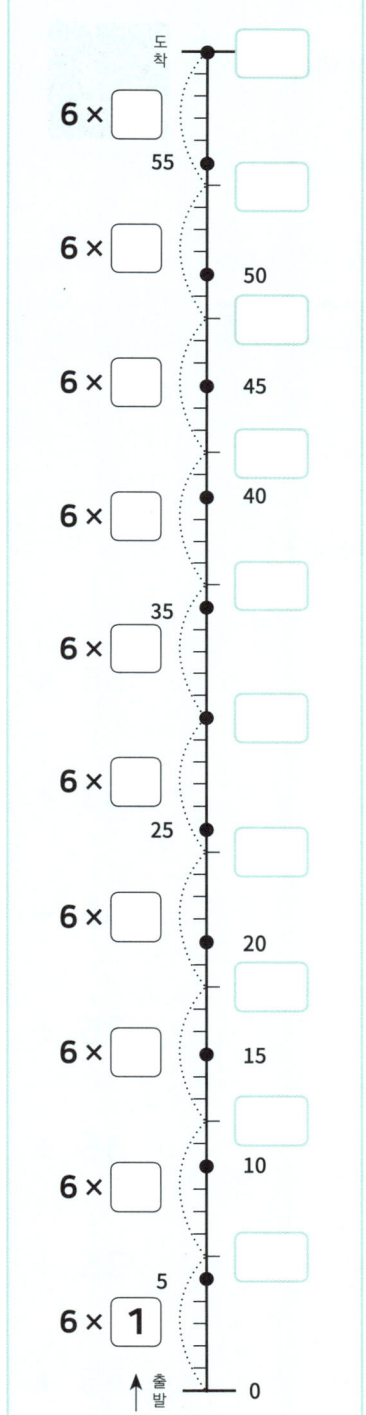

배움 14

7단 곱셈구구

월   일

1 영상을 보며 7단 곱셈을 외워 보세요.

열심히 연습했으면 ○표하세요.

함께하기   스스로 하기

2 곱셈을 잘하게 해주는 덧셈을 하세요.

7 + 7 =

14 + 7 =

21 + 7 =

28 + 7 =

35 + 7 =

42 + 7 =

49 + 7 =

56 + 7 =

63 + 7 =

35 + 7 =

35 + 14 =

35 + 21 =

35 + 28 =

35 + 35 =

3 아래와 같이 그림을 보고 곱셈식을 완성하세요.

7 × 1 = 7

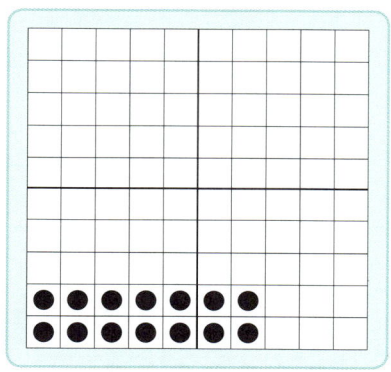

7 × ☐ = ☐

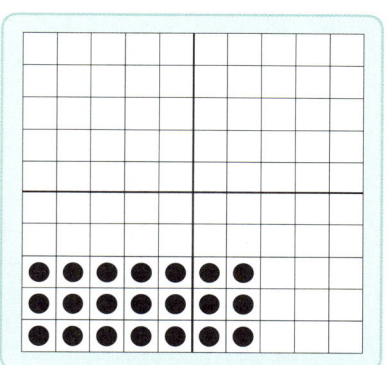

7 × ☐ = ☐

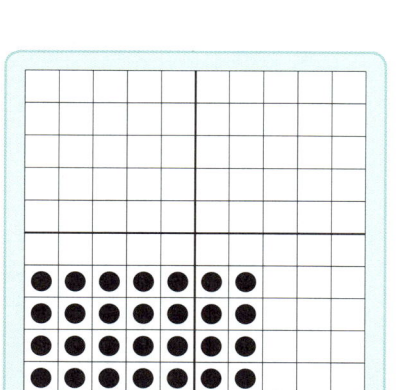

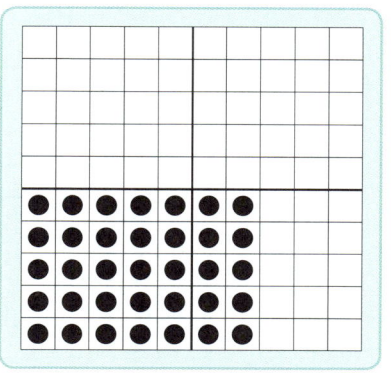

☐ × ☐ = ☐

☐ × ☐ = ☐

배움 14 7단 곱셈구구

4 아래와 같이 그림을 보고 곱셈식을 완성하세요.

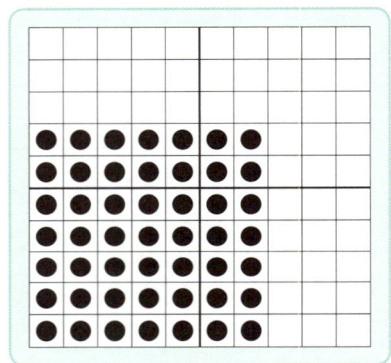

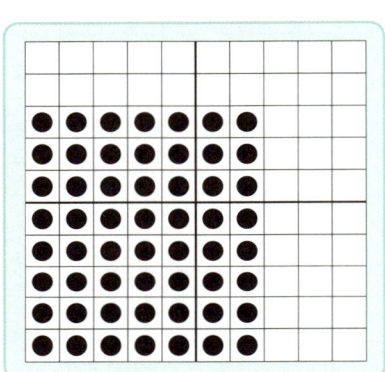

☐ × ☐ = ☐

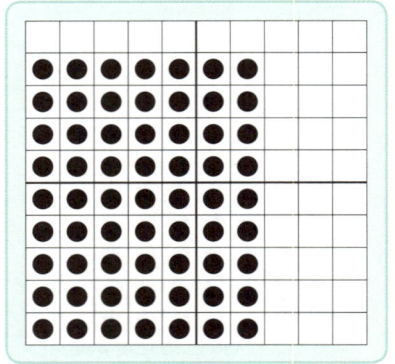

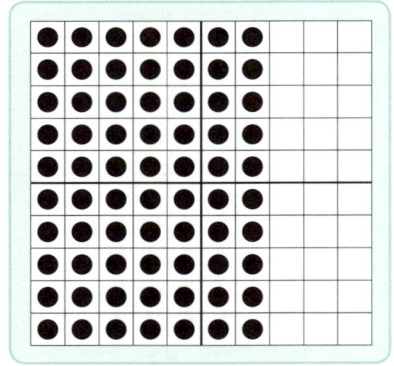

☐ × ☐ = ☐

5 아래와 같이 그림을 보고 곱셈식을 완성하세요.

7　　　　7 × 1 = 7

7+7 = ☐　　　7 × ☐ = ☐

7+7+7 = ☐　　　7 × ☐ = ☐

7+7+7+7 = ☐　　　☐ × ☐ = ☐

7+7+7+7+7 = ☐　　　☐ × ☐ = ☐

7+7+7+7+7+7 = ☐　　　☐ × ☐ = ☐

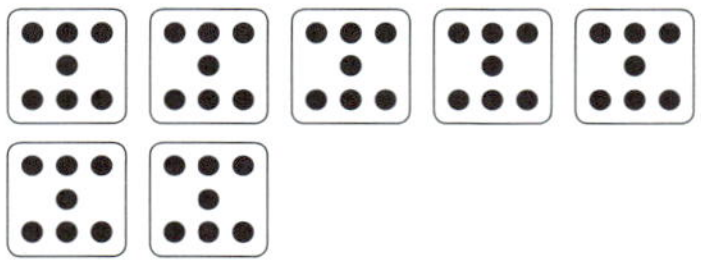

7+7+7+7+7+7+7 = ☐　　　☐ × ☐ = ☐

7+7+7+7+7+7+7+7 = ☐　　　☐ × ☐ = ☐

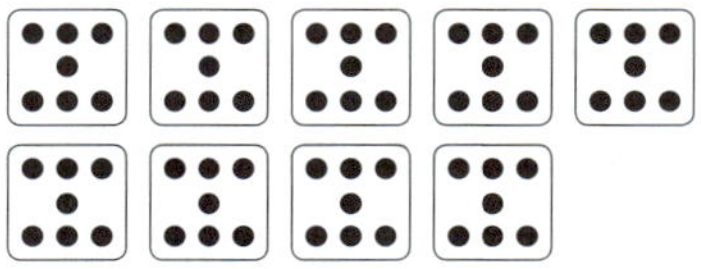

7+7+7+7+7+7+7+7+7 = ☐　　　☐ × ☐ = ☐

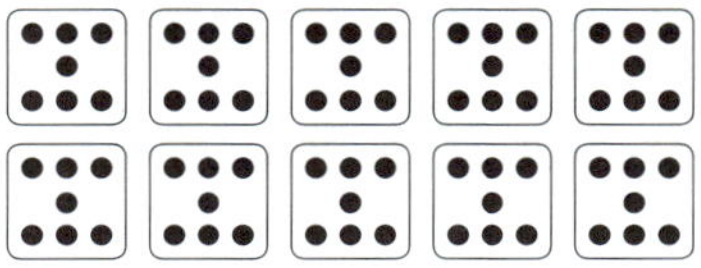

7+7+7+7+7+7+7+7+7+7 = ☐　　　☐ × ☐ = ☐

7단 곱셈은 (_____)씩 커지고 있어요!

배움 14 7단 곱셈구구

6 크레파스의 개수를 보고 곱셈식을 완성하세요.

7 × ☐ = ☐

7 × ☐ = ☐

☐ × ☐ = ☐

☐ × ☐ = ☐

7 아래와 같이 곱셈식을 그림으로 나타내 보세요.

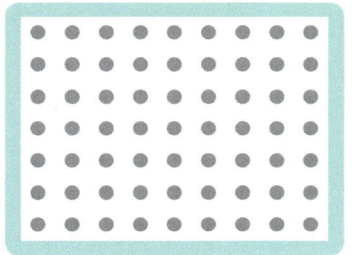

7 × 2 = 14

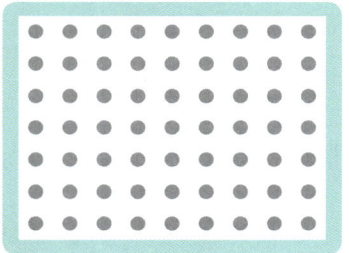

7 × 1 = 7

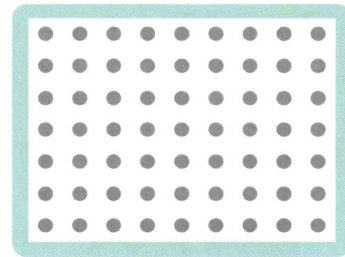

7 × 5 = 35

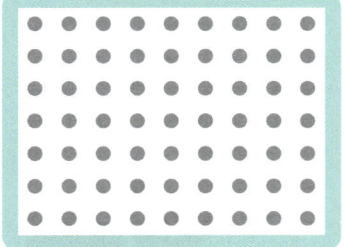

7 × 7 = 49

7 × 4 = 28

7 × 6 = 42

배움 14 7단 곱셈구구

8 7부터 7씩 뛰어센 수에 ○표시하고, 빈칸에 알맞은 답을 쓰세요.

1	2	3	4	5	6	⑦	8	9	10	11	12	13	⑭	15	16	17	18	19	20
21	22	23	24	25	26	27	28	29	30	31	32	33	34	35	36	37	38	39	40
41	42	43	44	45	46	47	48	49	50	51	52	53	54	55	56	57	58	59	60
61	62	63	64	65	66	67	68	69	70										

7 × 1 = ☐   7 × 2 = ☐   7 × 3 = ☐

7 × 4 = ☐   7 × 5 = ☐   7 × 6 = ☐

7 × 7 = ☐   7 × 8 = ☐   7 × 9 = ☐

7 × 10 = ☐

9 곱셈식과 답을 알맞게 연결하세요.

7 × 1 ———————————————— 7
7 × 2 •   • 35
7 × 3 •   • 21
7 × 4 •   • 42
7 × 5 •   • 14
7 × 6 •   • 28
7 × 7 •   • 49
7 × 8 •   • 63
7 × 9 •   • 56
7 × 10 •   • 70

90

10 뛰어세기를 하며 곱셈을 해보세요.

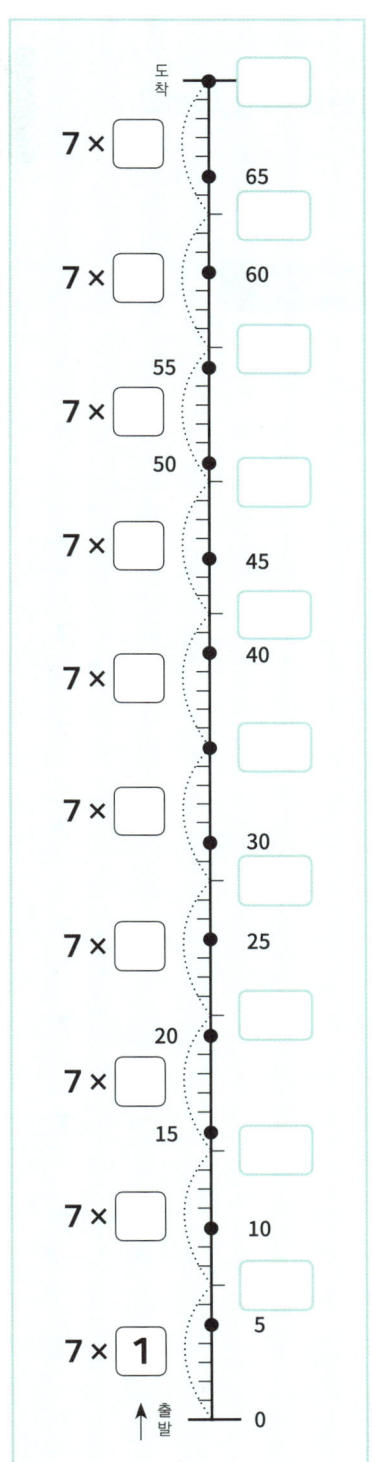

배움 15

6단 곱셈구구와 7단 곱셈구구

월   일

1 영상을 보며 6단 곱셈과 7단 곱셈을 외워 보세요.

 열심히 연습했으면 ○표하세요.

 함께하기   스스로 하기

2 빈칸에 알맞은 답을 쓰세요.

6 × 1 = 6	7 × 1 = 7
6 × 2 =	7 × 2 =
6 × 3 = 18	7 × 3 = 21
6 × 4 =	7 × 4 =
6 × 5 = 30	7 × 5 = 35
6 × 6 =	7 × 6 =
6 × 7 = 42	7 × 7 = 49
6 × 8 =	7 × 8 =
6 × 9 = 54	7 × 9 = 63
6 × 10 =	7 × 10 =

3 빈칸에 알맞은 답을 쓰세요.

6 × 1 =		7 × 1 =	
6 × 2 = 12		7 × 2 = 14	
6 × 3 =		7 × 3 =	
6 × 4 = 24		7 × 4 = 28	
6 × 5 =		7 × 5 =	
6 × 6 = 36		7 × 6 = 42	
6 × 7 =		7 × 7 =	
6 × 8 = 48		7 × 8 = 56	
6 × 9 =		7 × 9 =	
6 × 10 = 60		7 × 10 = 70	

4 빈칸에 알맞은 답을 쓰세요.

6 × 5 = 30		7 × 5 = 35	
6 × 6 =		7 × 6 =	
6 × 7 =		7 × 7 =	
6 × 8 =		7 × 8 =	
6 × 9 =		7 × 9 =	

배움 15 6단 곱셈구구와 7단 곱셈구구

5 6단과 7단의 곱셈을 완성해보세요.

6 × 1 = ☐	7 × 1 = ☐
6 × 2 = ☐	7 × 2 = ☐
6 × ☐ = ☐	7 × ☐ = ☐
6 × ☐ = ☐	7 × ☐ = ☐
6 × ☐ = ☐	7 × ☐ = ☐
6 × ☐ = ☐	7 × ☐ = ☐
6 × ☐ = ☐	7 × ☐ = ☐
6 × ☐ = ☐	7 × ☐ = ☐
6 × ☐ = ☐	7 × ☐ = ☐
6 × ☐ = ☐	7 × ☐ = ☐

배움 16
8단 곱셈구구

1. 영상을 보며 8단 곱셈을 외워 보세요.

열심히 연습했으면 ○표하세요.

 함께하기

 스스로 하기

2. 곱셈을 잘하게 해주는 덧셈을 하세요.

8 + 8 =	64 + 8 =
16 + 8 =	72 + 8 =
24 + 8 =	40 + 8 =
32 + 8 =	40 + 16 =
40 + 8 =	40 + 24 =
48 + 8 =	40 + 32 =
56 + 8 =	40 + 40 =

배움 16 8단 곱셈구구

3 아래와 같이 그림을 보고 곱셈식을 완성하세요.

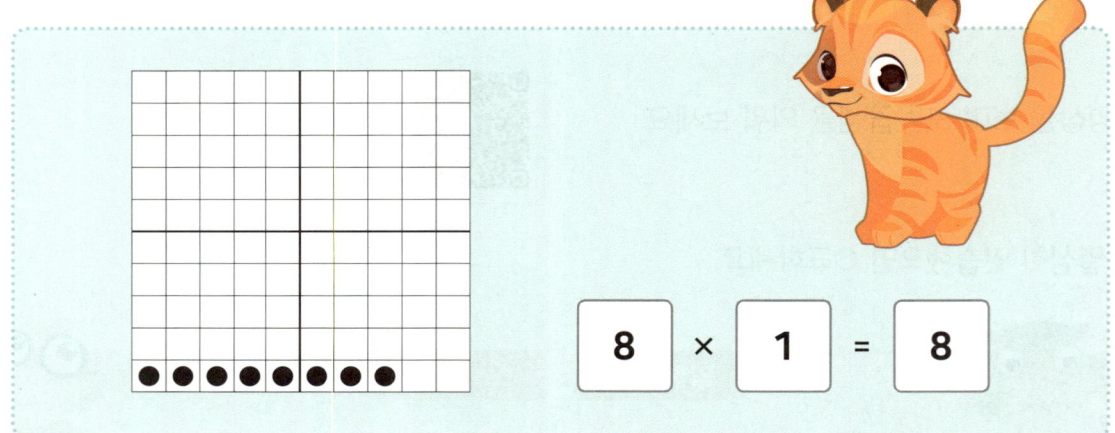

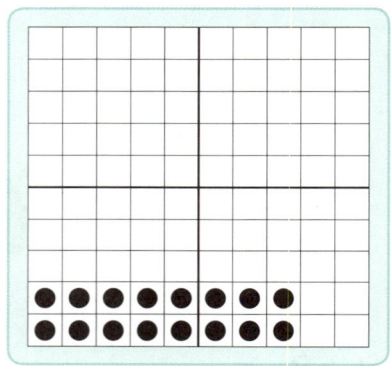

8 × ☐ = ☐

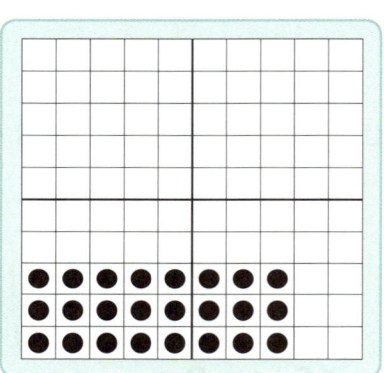

8 × ☐ = ☐

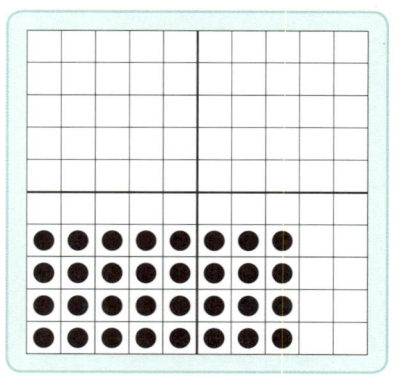

☐ × ☐ = ☐

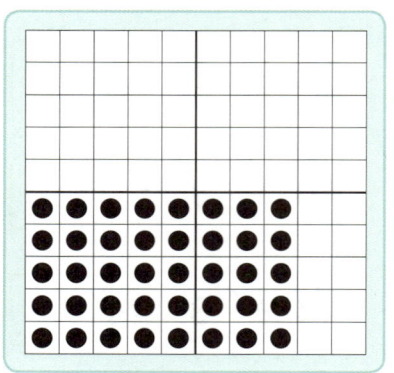

☐ × ☐ = ☐

4 아래와 같이 그림을 보고 곱셈식을 완성하세요.

8 × 6 = 48

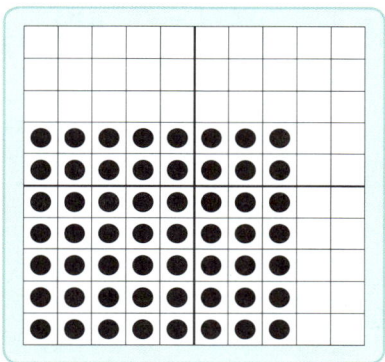

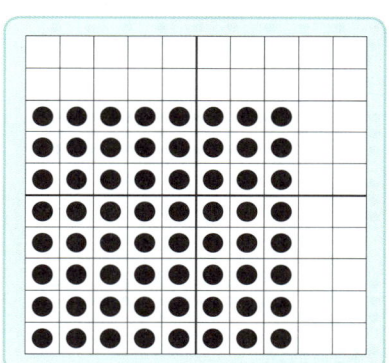

□ × □ = □

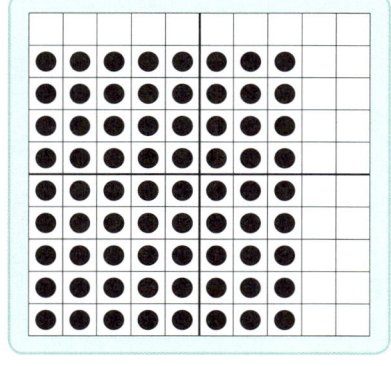

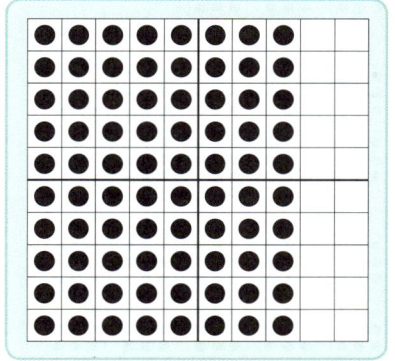

□ × □ = □

배움 16 8단 곱셈구구

5 아래와 같이 그림을 보고 곱셈식을 완성하세요.

· · ·	8	8 × 1 = 8
· · · · · ·	8+8 = ☐	8 × ☐ = ☐
· · · · · · · · ·	8+8+8 = ☐	8 × ☐ = ☐
· · · ·	8+8+8+8 = ☐	☐ × ☐ = ☐
· · · · ·	8+8+8+8+8 = ☐	☐ × ☐ = ☐
· · · · · ·	8+8+8+8+8+8 = ☐	☐ × ☐ = ☐
· · · · · · ·	8+8+8+8+8+8+8 = ☐	☐ × ☐ = ☐
· · · · · · · ·	8+8+8+8+8+8+8+8 = ☐	☐ × ☐ = ☐
· · · · · · · · ·	8+8+8+8+8+8+8+8+8 = ☐	☐ × ☐ = ☐
· · · · · · · · · ·	8+8+8+8+8+8+8+8+8+8 = ☐	☐ × ☐ = ☐

8단 곱셈은 (_____)씩 커지고 있어요!

6 문어의 다리 개수를 보고 곱셈식을 완성하세요.

8 × □ = □

8 × □ = □

배움 16 8단 곱셈구구

7 아래와 같이 곱셈식을 그림으로 나타내 보세요.

8 × 5 = 40

8 × 3 = 24

8 × 7 = 56

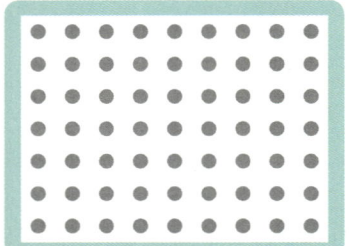

8 × 1 = 8

8 × 4 = 32

8 × 6 = 48

8 8부터 8씩 뛰어센 수에 ○표시하고, 빈칸에 알맞은 답을 쓰세요.

1	2	3	4	5	6	7	⑧	9	10	11	12	13	14	15	⑯	17	18	19	20
21	22	23	24	25	26	27	28	29	30	31	32	33	34	35	36	37	38	39	40
41	42	43	44	45	46	47	48	49	50	51	52	53	54	55	56	57	58	59	60
61	62	63	64	65	66	67	68	69	70	71	72	73	74	75	76	77	78	79	80

8 × 1 = ☐   8 × 2 = ☐   8 × 3 = ☐

8 × 4 = ☐   8 × 5 = ☐   8 × 6 = ☐

8 × 7 = ☐   8 × 8 = ☐   8 × 9 = ☐

8 × 10 = ☐

9 곱셈식과 답을 알맞게 연결하세요.

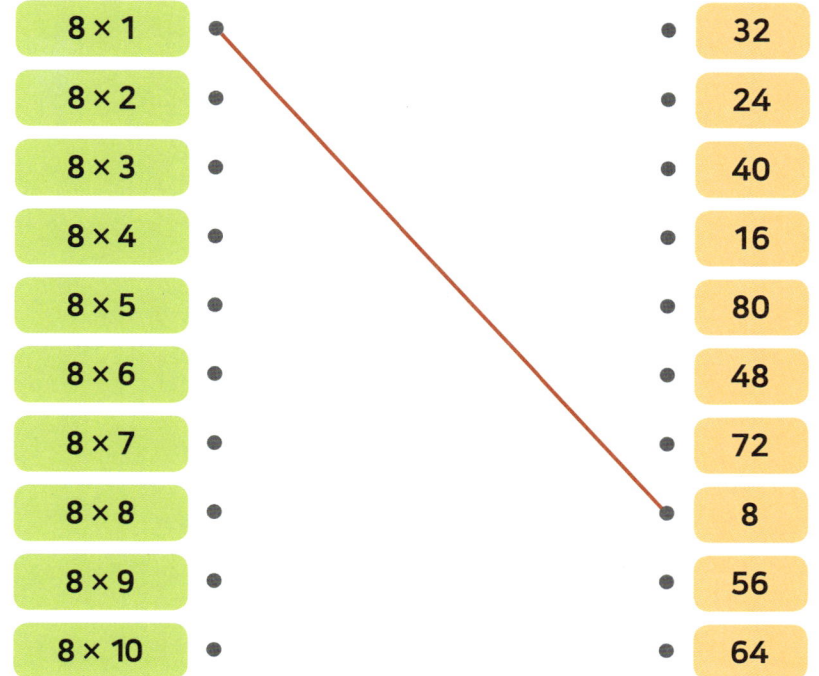

배움 16 8단 곱셈구구

10 뛰어세기를 하며 곱셈을 해보세요.

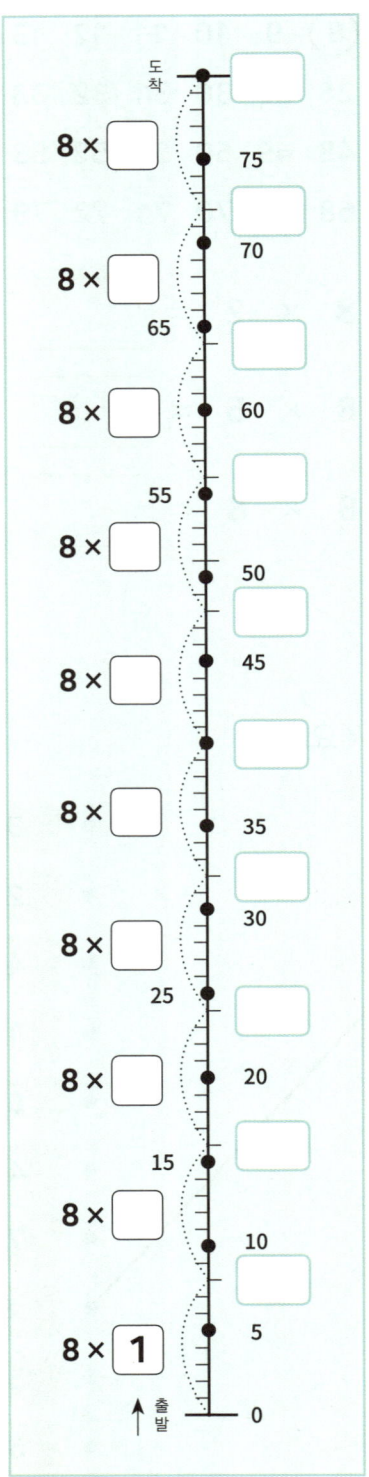

배움 17

9단 곱셈구구

월   일

1. 영상을 보며 9단 곱셈을 외워 보세요.

 열심히 연습했으면 ○표하세요.

 함께하기   스스로 하기

2. 곱셈을 잘하게 해주는 덧셈을 하세요.

9 + 9 =

18 + 9 =

27 + 9 =

36 + 9 =

45 + 9 =

54 + 9 =

63 + 9 =

72 + 9 =

81 + 9 =

45 + 9 =

45 + 18 =

45 + 27 =

45 + 36 =

45 + 45 =

배움 17 9단 곱셈구구

3 아래와 같이 그림을 보고 곱셈식을 완성하세요.

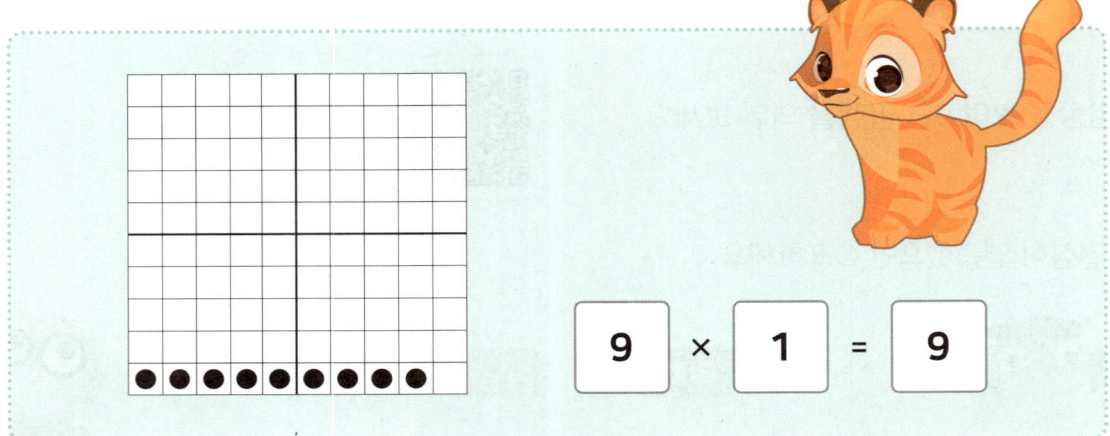

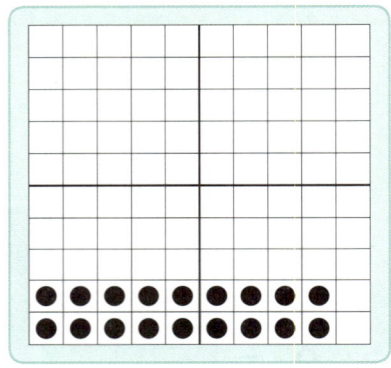

9 × ☐ = ☐

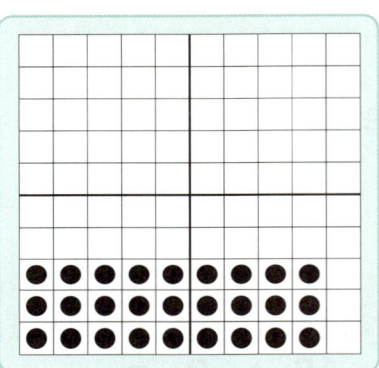

9 × ☐ = ☐

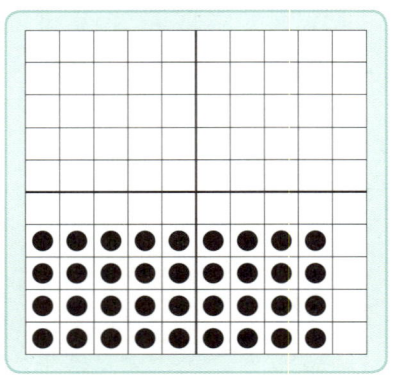

☐ × ☐ = ☐

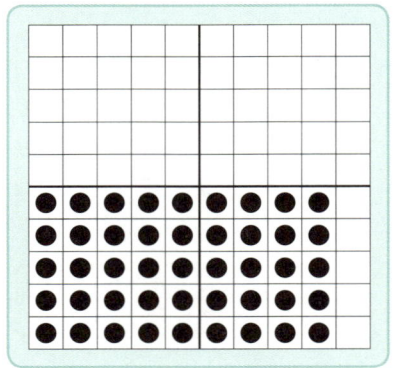

☐ × ☐ = ☐

4 아래와 같이 그림을 보고 곱셈식을 완성하세요.

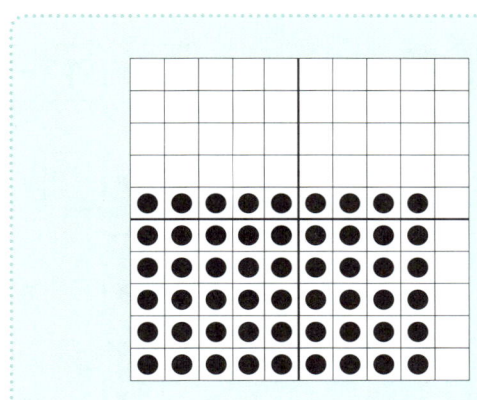

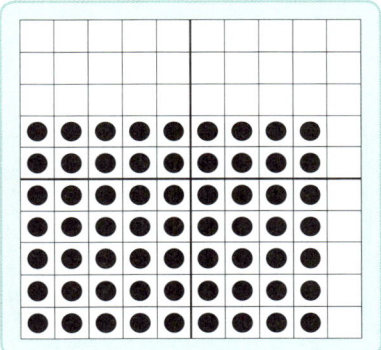

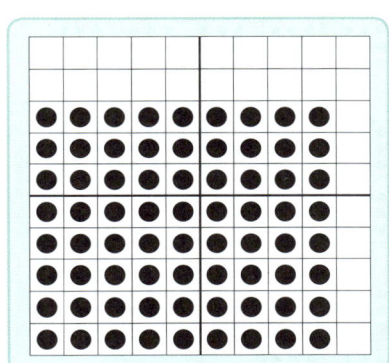

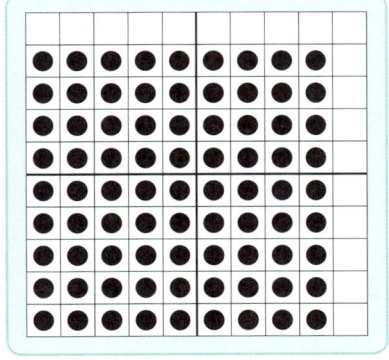

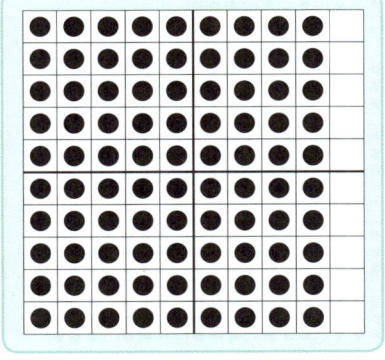

배움 17 9단 곱셈구구

5 아래와 같이 그림을 보고 곱셈식을 완성하세요.

그림	덧셈식	곱셈식
▦	9	9 × 1 = 9
▦ ▦	9+9 = ☐	9 × ☐ = ☐
▦ ▦ ▦	9+9+9 = ☐	9 × ☐ = ☐
▦ ▦ ▦ ▦	9+9+9+9 = ☐	☐ × ☐ = ☐
▦ ▦ ▦ ▦ ▦	9+9+9+9+9 = ☐	☐ × ☐ = ☐
▦ ▦ ▦ ▦ ▦ ▦	9+9+9+9+9+9 = ☐	☐ × ☐ = ☐
▦ ▦ ▦ ▦ ▦ ▦ ▦	9+9+9+9+9+9+9 = ☐	☐ × ☐ = ☐
▦ ▦ ▦ ▦ ▦ ▦ ▦ ▦	9+9+9+9+9+9+9+9 = ☐	☐ × ☐ = ☐
▦ ▦ ▦ ▦ ▦ ▦ ▦ ▦ ▦	9+9+9+9+9+9+9+9+9 = ☐	☐ × ☐ = ☐
▦ ▦ ▦ ▦ ▦ ▦ ▦ ▦ ▦ ▦	9+9+9+9+9+9+9+9+9+9 = ☐	☐ × ☐ = ☐

9단 곱셈은 (_____)씩 커지고 있어요!

6 김밥의 개수를 보고 곱셈식을 완성하세요.

$9 \times 2 = 18$

$9 \times \boxed{} = \boxed{}$

$9 \times \boxed{} = \boxed{}$

배움 17 9단 곱셈구구

7 아래와 같이 곱셈식을 그림으로 나타내 보세요.

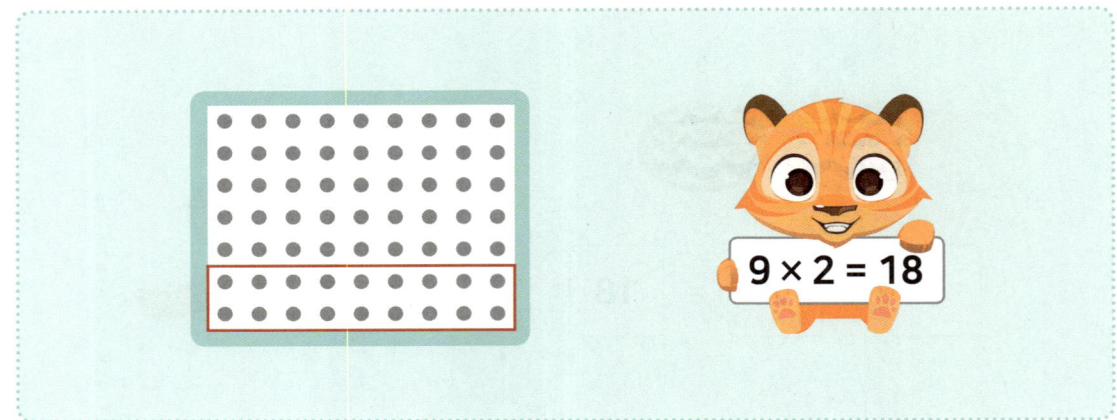

9 × 3 = 27

9 × 1 = 9

9 × 5 = 45

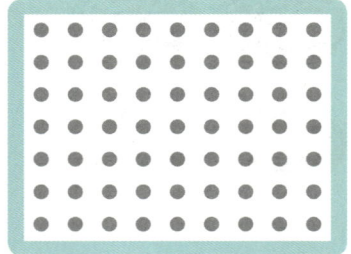

9 × 6 = 54

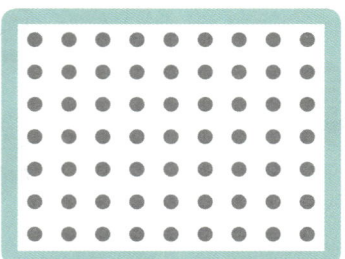

9 × 7 = 63

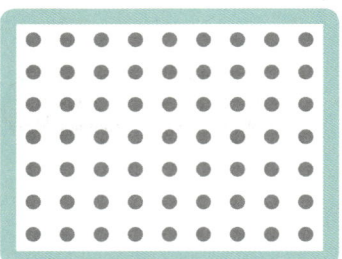

9 × 4 = 36

8 9부터 9씩 뛰어센 수에 ○표시하고, 빈칸에 알맞은 답을 쓰세요.

1	2	3	4	5	6	7	8	⑨	10	11	12	13	14	15	16	17	⑱	19	20
21	22	23	24	25	26	27	28	29	30	31	32	33	34	35	36	37	38	39	40
41	42	43	44	45	46	47	48	49	50	51	52	53	54	55	56	57	58	59	60
61	62	63	64	65	66	67	68	69	70	71	72	73	74	75	76	77	78	79	80
81	82	83	84	85	86	87	88	89	90										

9 × 1 = ☐   9 × 2 = ☐   9 × 3 = ☐

9 × 4 = ☐   9 × 5 = ☐   9 × 6 = ☐

9 × 7 = ☐   9 × 8 = ☐   9 × 9 = ☐

9 × 10 = ☐

9 곱셈식과 답을 알맞게 연결하세요.

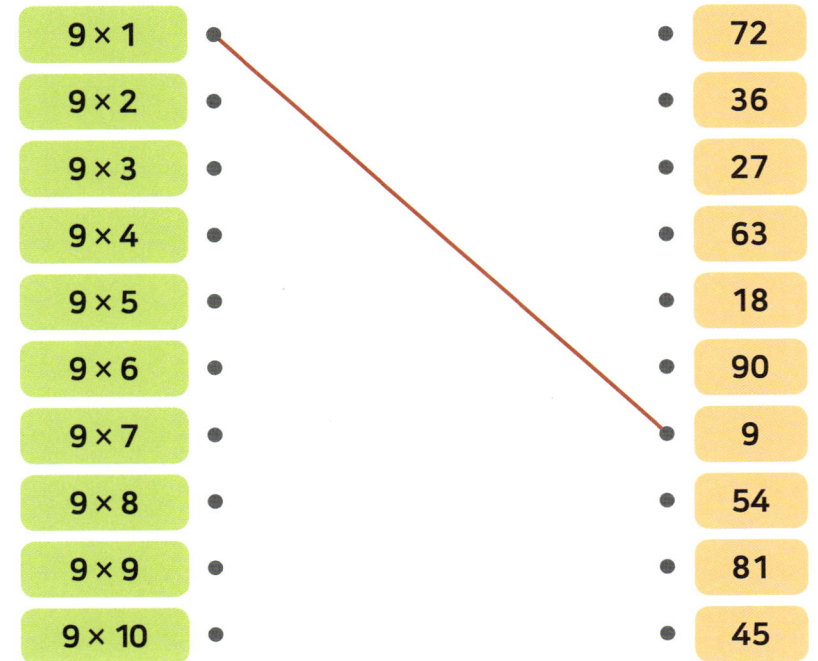

배움 17 9단 곱셈구구

10 뛰어세기를 하며 곱셈을 해보세요.

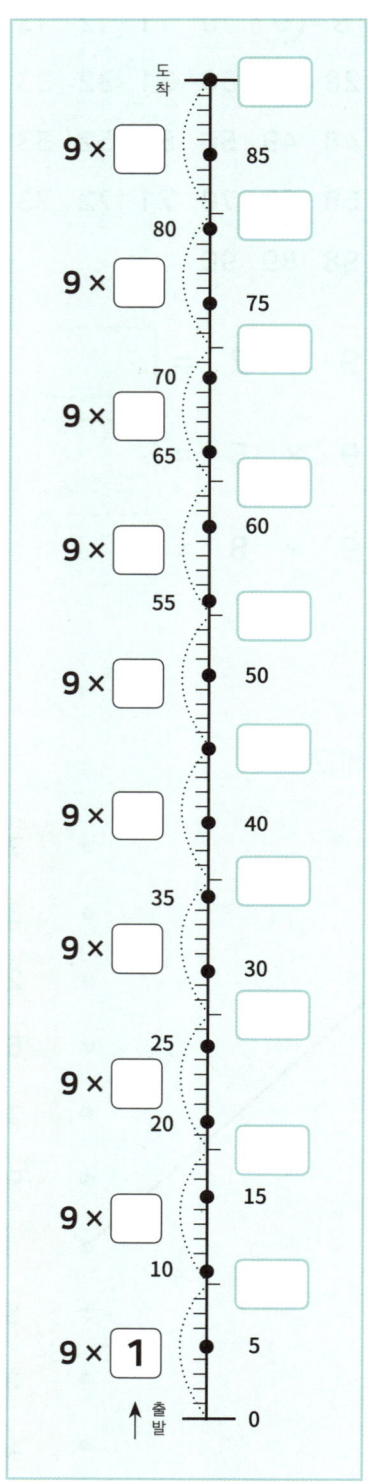

배움 18

8단 곱셈구구와 9단 곱셈구구

월   일

1. 영상을 보며 8단 곱셈과 9단 곱셈을 외워 보세요.

 열심히 연습했으면 ○표하세요.

 함께하기   스스로 하기

2. 빈칸에 알맞은 답을 쓰세요.

8 × 1 = 8		9 × 1 = 9
8 × 2 =		9 × 2 =
8 × 3 = 24		9 × 3 = 27
8 × 4 =		9 × 4 =
8 × 5 = 40		9 × 5 = 45
8 × 6 =		9 × 6 =
8 × 7 = 56		9 × 7 = 63
8 × 8 =		9 × 8 =
8 × 9 = 72		9 × 9 = 81
8 × 10 =		9 × 10 =

배움 18 8단 곱셈구구와 9단 곱셈구구

3 빈칸에 알맞은 답을 쓰세요.

8 × 1 =		9 × 1 =
8 × 2 = 16		9 × 2 = 18
8 × 3 =		9 × 3 =
8 × 4 = 32		9 × 4 = 36
8 × 5 =		9 × 5 =
8 × 6 = 48		9 × 6 = 54
8 × 7 =		9 × 7 =
8 × 8 = 64		9 × 8 = 72
8 × 9 =		9 × 9 =
8 × 10 = 80		9 × 10 = 90

4 빈칸에 알맞은 답을 쓰세요.

8 × 5 =		9 × 5 =
8 × 6 =		9 × 6 =
8 × 7 =		9 × 7 =
8 × 8 =		9 × 8 =
8 × 9 =		9 × 9 =

5 8단과 9단의 곱셈을 완성해보세요.

8 × 1 =
8 × 2 =
8 × ☐ =
8 × ☐ =
8 × ☐ =
8 × ☐ =
8 × ☐ =
8 × ☐ =
8 × ☐ =
8 × ☐ =

9 × 1 =
9 × 2 =
9 × ☐ =
9 × ☐ =
9 × ☐ =
9 × ☐ =
9 × ☐ =
9 × ☐ =
9 × ☐ =
9 × ☐ =

배움 19
내 실력 어디까지 왔을까?

월   일

금메달	은메달	동메달
35~40개	30~34개	25~29개

맞은 개수

개 / 40개

메달 스티커를 붙여주세요.

6단
6 × 1 = ____
6 × 2 = ____
6 × 3 = ____
6 × 4 = ____
6 × 5 = ____
6 × 6 = ____
6 × 7 = ____
6 × 8 = ____
6 × 9 = ____
6 × 10 = ____

7단
7 × 1 = ____
7 × 2 = ____
7 × 3 = ____
7 × 4 = ____
7 × 5 = ____
7 × 6 = ____
7 × 7 = ____
7 × 8 = ____
7 × 9 = ____
7 × 10 = ____

8단
8 × 1 = ____
8 × 2 = ____
8 × 3 = ____
8 × 4 = ____
8 × 5 = ____
8 × 6 = ____
8 × 7 = ____
8 × 8 = ____
8 × 9 = ____
8 × 10 = ____

9단
9 × 1 = ____
9 × 2 = ____
9 × 3 = ____
9 × 4 = ____
9 × 5 = ____
9 × 6 = ____
9 × 7 = ____
9 × 8 = ____
9 × 9 = ____
9 × 10 = ____

배움 20

6×6, 6×7, 6×8, 6×9, 6×10

월   일

1. 영상을 보며 6단 곱셈을 외워 보세요.

열심히 연습했으면 ○표하세요.

| 함께하기 | 스스로 하기 |

2. 곱셈을 잘하게 해주는 덧셈을 하세요.

6 + 6 = ☐	48 + 6 = ☐
12 + 6 = ☐	54 + 6 = ☐
18 + 6 = ☐	30 + 6 = ☐
24 + 6 = ☐	30 + 12 = ☐
30 + 6 = ☐	30 + 18 = ☐
36 + 6 = ☐	30 + 24 = ☐
42 + 6 = ☐	30 + 30 = ☐

배움 20 6x6, 6x7, 6x8, 6x9, 6x10

3 아래와 같이 그림을 보고 곱셈식을 완성하세요.

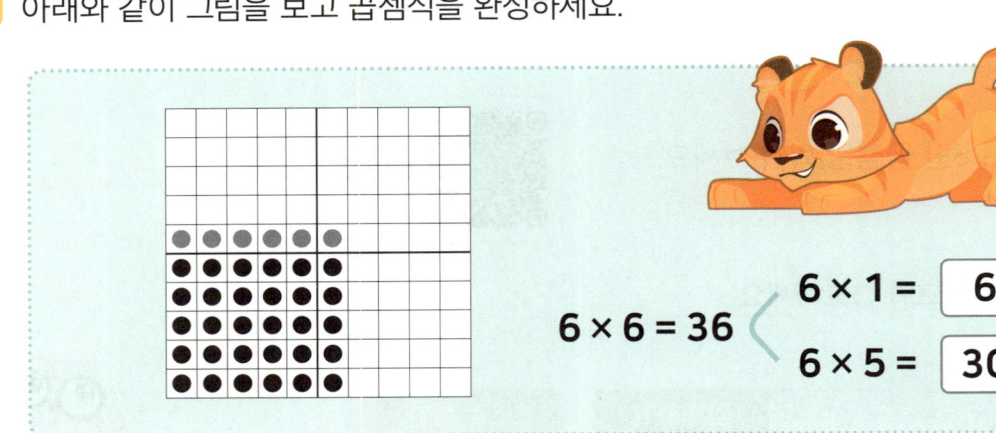

$6 \times 6 = 36$
$6 \times 1 = 6$
$6 \times 5 = 30$

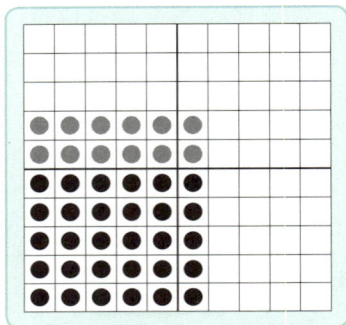

$6 \times 7 = 42$
$6 \times 2 =$
$6 \times 5 =$

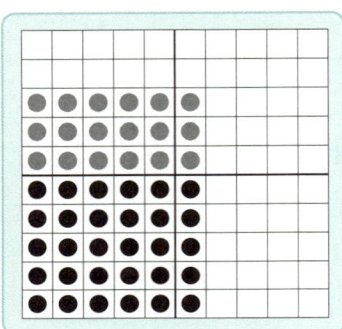

$6 \times 8 = 48$
$6 \times 3 =$
$6 \times 5 =$

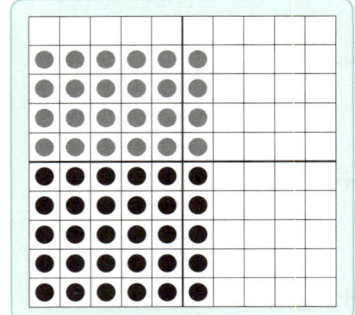

$6 \times 9 = 54$
$6 \times 4 =$
$6 \times 5 =$

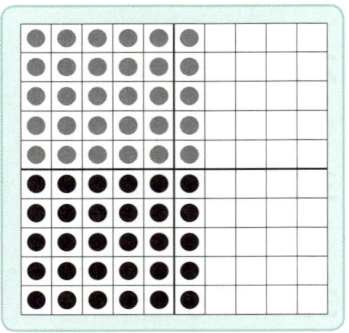

$6 \times 10 = 60$
$6 \times 5 =$
$6 \times 5 =$

4 ☐ 안의 곱셈식을 만들 수 있는 2개의 식을 찾아 연결하세요.

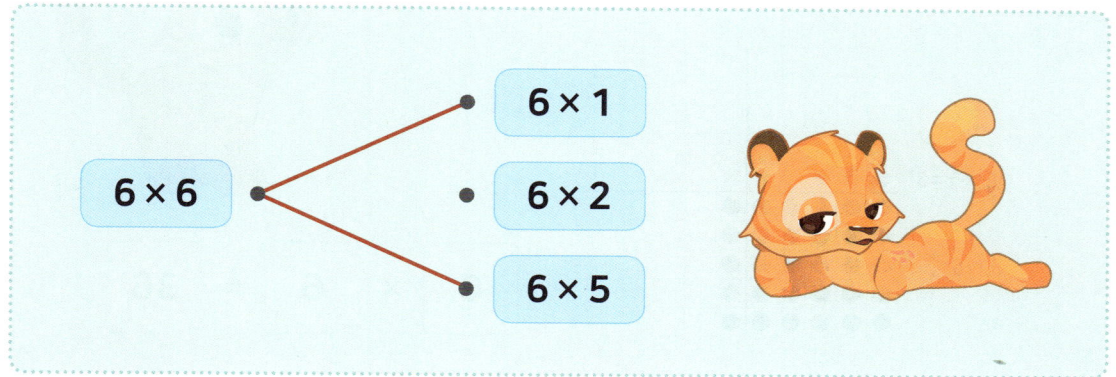

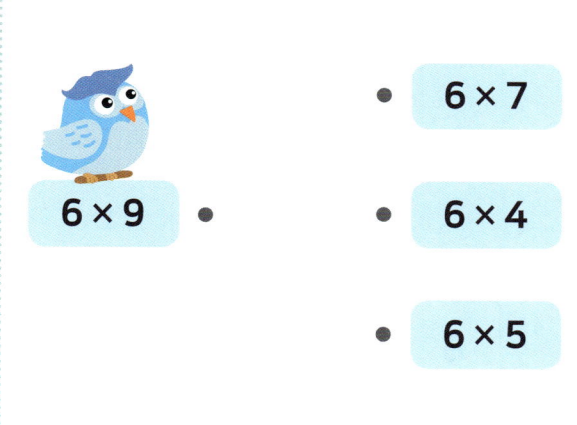

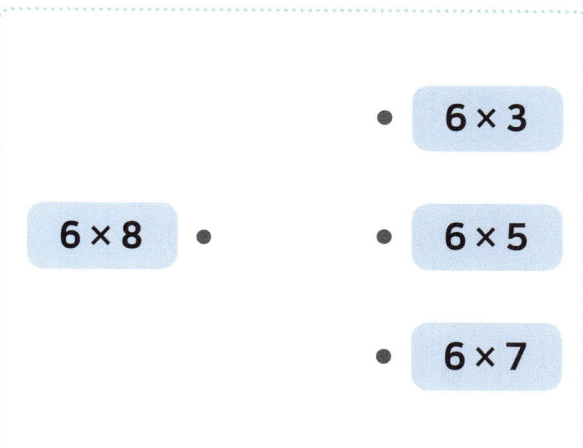

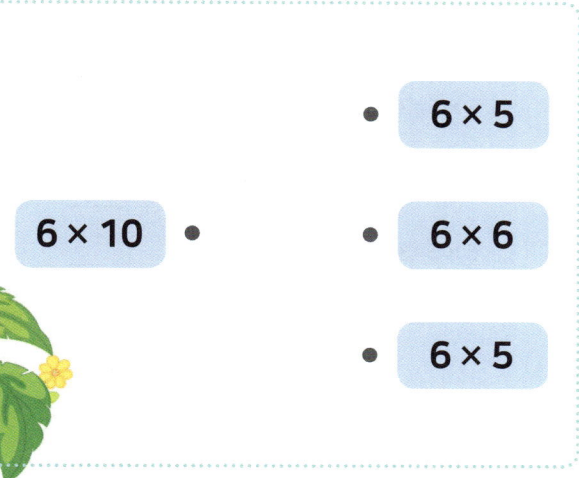

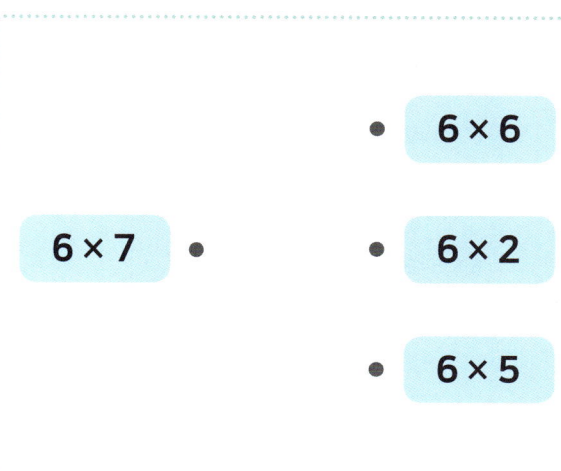

배움 20 6x6, 6x7, 6x8, 6x9, 6x10

5 보기 와 같이 그림을 보고 빈칸에 알맞은 곱셈식을 쓰세요.

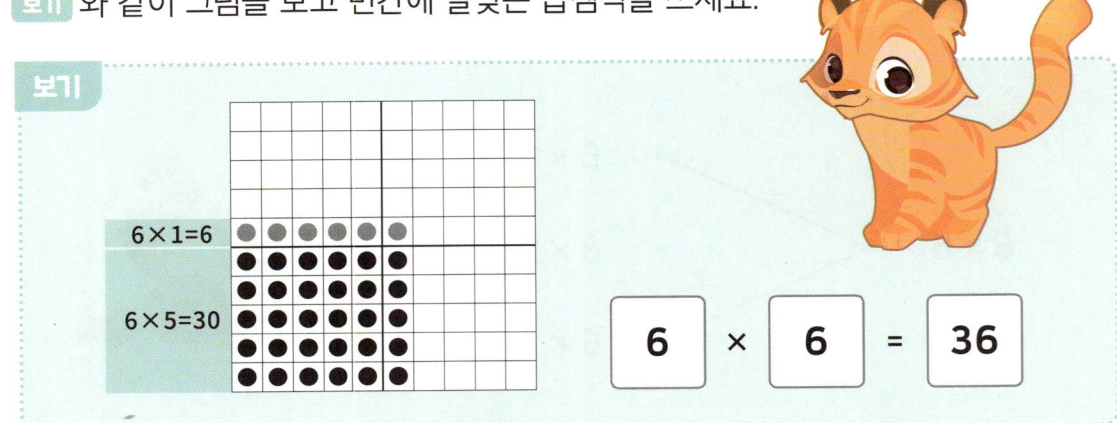

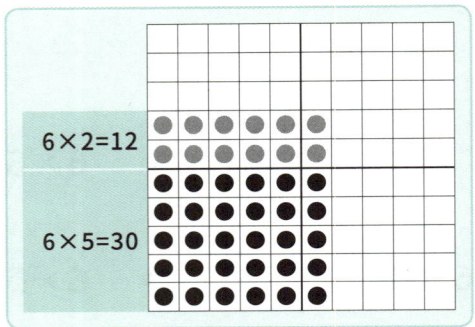

6 × ☐ = ☐

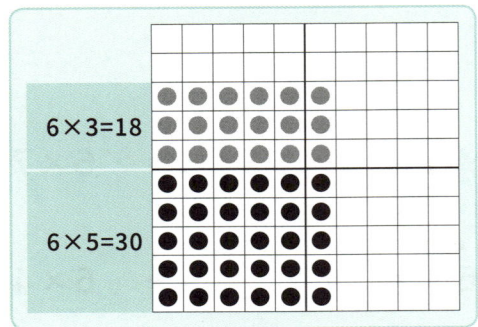

6 × ☐ = ☐

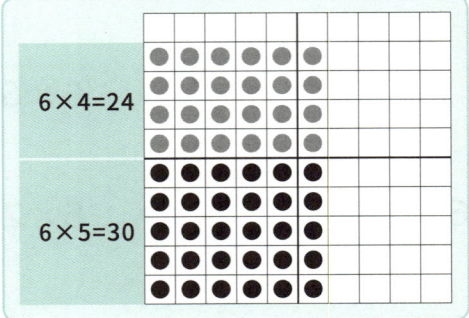

6 × ☐ = ☐

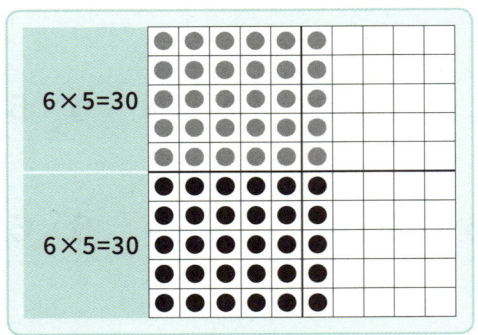

6 × ☐ = ☐

6 보기 와 같이 곱셈식을 6 × 5와 6 × 몇으로 나타내보세요.

보기: 6 × 6 → 6 × 1, 6 × 5

6 × 7 → ☐ × ☐, 6 × 5

6 × 8 → ☐ × ☐, 6 × 5

6 × 10 → ☐ × ☐, 6 × 5

6 × 9 → ☐ × ☐, 6 × 5

7 빈칸에 알맞은 답을 쓰세요.

6 × 1 = ☐
6 × 5 = ☐
6 × 6 = ☐

6 × 3 = ☐
6 × 5 = ☐
6 × 8 = ☐

6 × 2 = ☐
6 × 5 = ☐
6 × 7 = ☐

6 × 4 = ☐
6 × 5 = ☐
6 × 9 = ☐

배움 20 6x6, 6x7, 6x8, 6x9, 6x10

8 곱셈표를 완성해보세요.

×	1	2	3	4	5	6	7	8	9	10
6										

×	1	3	5	7	9	2	4	6	8	10
6										

×	2	5	1	3	4	8	6	9	7	10
6										

×	3	6	7	9	1	8	2	10	4	5
6										

배움 21

7×6, 7×7, 7×8, 7×9, 7×10

월   일

1. 영상을 보며 7단 곱셈을 외워 보세요.

열심히 연습했으면 ○표하세요.

함께하기

스스로 하기

2. 곱셈을 잘하게 해주는 덧셈을 하세요.

7 + 7 = ☐

14 + 7 = ☐

21 + 7 = ☐

28 + 7 = ☐

35 + 7 = ☐

42 + 7 = ☐

49 + 7 = ☐

56 + 7 = ☐

63 + 7 = ☐

35 + 7 = ☐

35 + 14 = ☐

35 + 21 = ☐

35 + 28 = ☐

35 + 35 = ☐

배움 21 7×6, 7×7, 7×8, 7×9, 7×10

3 아래와 같이 그림을 보고 곱셈식을 완성하세요.

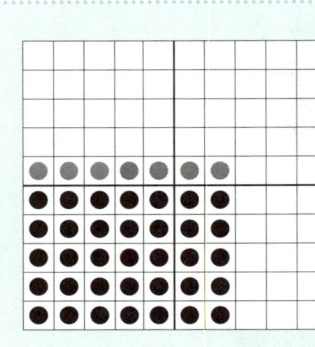

7 × 6 = 42
7 × 1 = 7
7 × 5 = 35

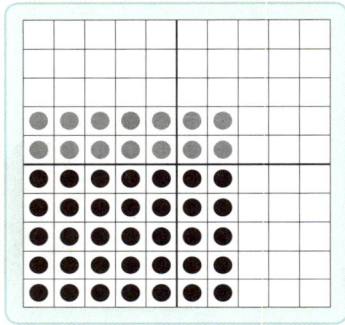

7 × 7 = 49
7 × 2 = ☐
7 × 5 = ☐

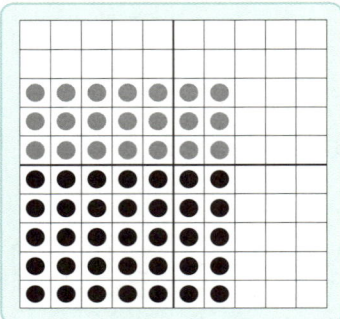

7 × 8 = 56
7 × 3 = ☐
7 × 5 = ☐

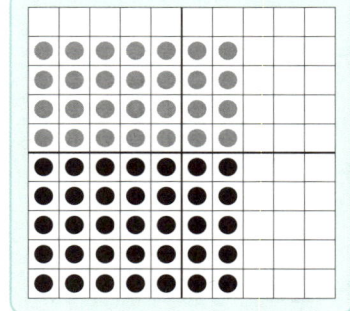

7 × 9 = 63
7 × 4 = ☐
7 × 5 = ☐

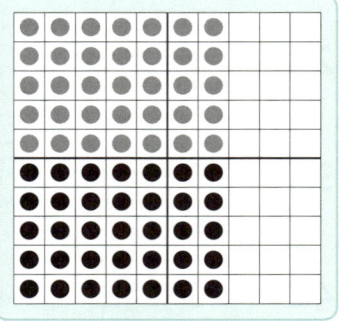

7 × 10 = 70
7 × 5 = ☐
7 × 5 = ☐

4 ☐ 안의 곱셈식을 만들 수 있는 2개의 식을 찾아 연결하세요.

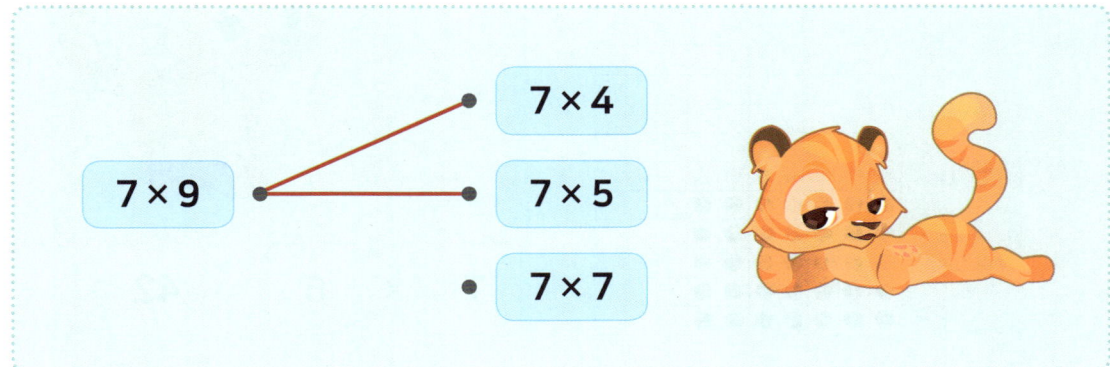

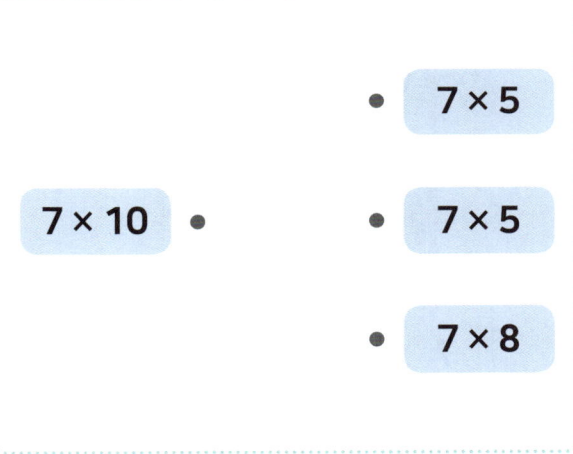

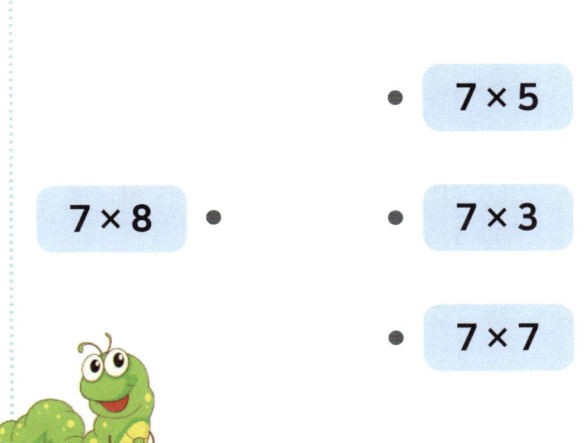

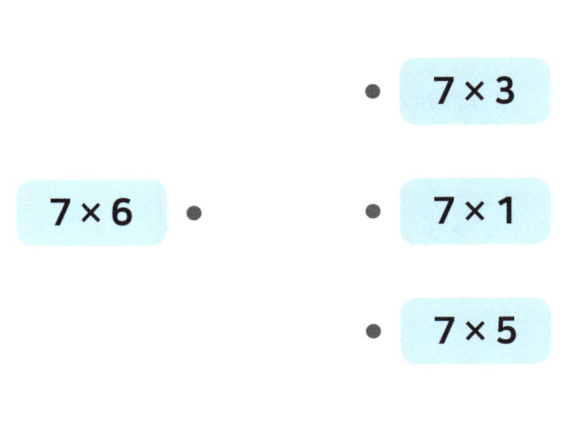

배움 21 7×6, 7×7, 7×8, 7×9, 7×10

5 보기 와 같이 그림을 보고 빈칸에 알맞은 곱셈식을 쓰세요.

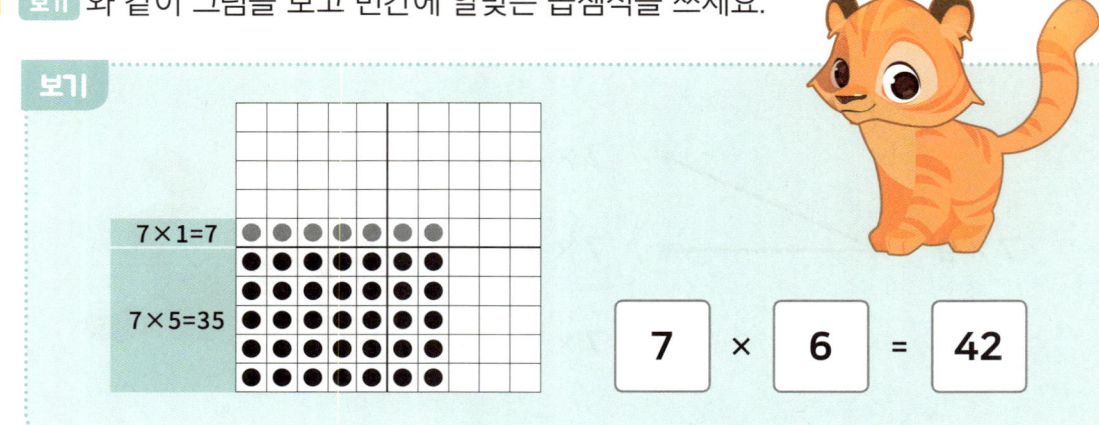

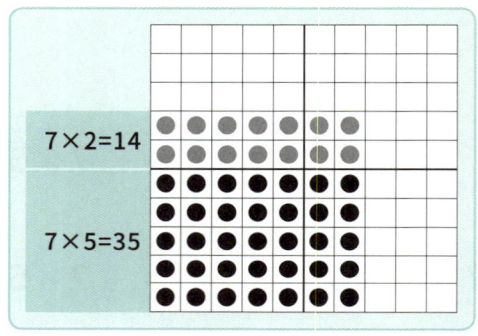

7 × ☐ = ☐

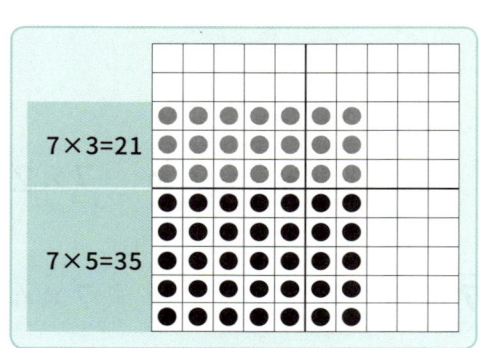

7 × ☐ = ☐

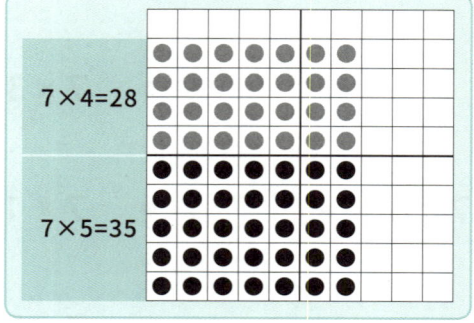

7 × ☐ = ☐

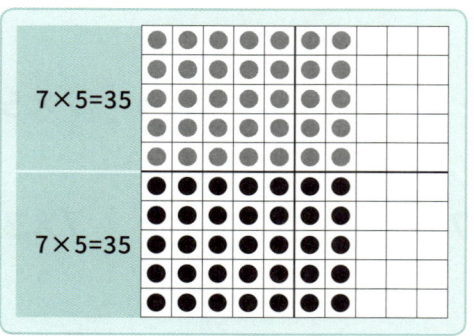

7 × ☐ = ☐

6 보기 와 같이 곱셈식을 7 × 5와 7 × 몇으로 나타내보세요.

보기

7 × 6 < 7 × 1
        7 × 5

7 × 7 < ☐ × ☐
        7 × 5

7 × 8 < ☐ × ☐
        7 × 5

7 × 10 < ☐ × ☐
         7 × 5

7 × 9 < ☐ × ☐
        7 × 5

7 빈칸에 알맞은 답을 쓰세요.

7 × 1 = ☐
7 × 5 = ☐
7 × 6 = ☐

7 × 3 = ☐
7 × 5 = ☐
7 × 8 = ☐

7 × 2 = ☐
7 × 5 = ☐
7 × 7 = ☐

7 × 4 = ☐
7 × 5 = ☐
7 × 9 = ☐

배움 21 7x6, 7x7, 7x8, 7x9, 7x10

8 곱셈표를 완성해보세요.

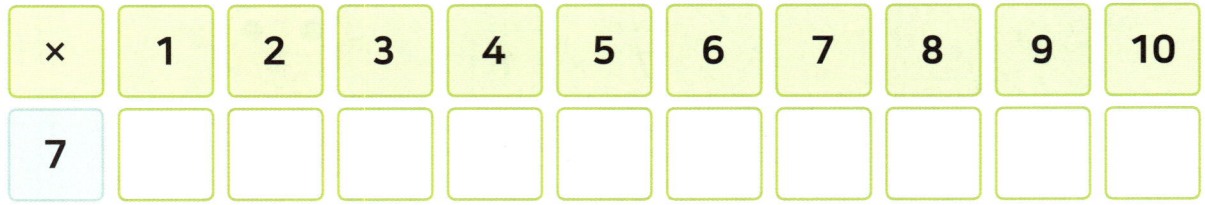

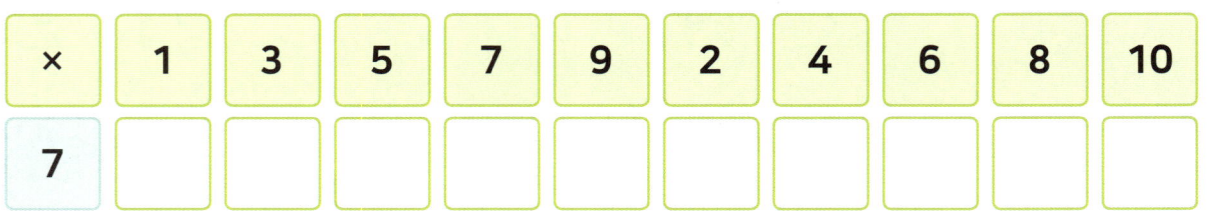

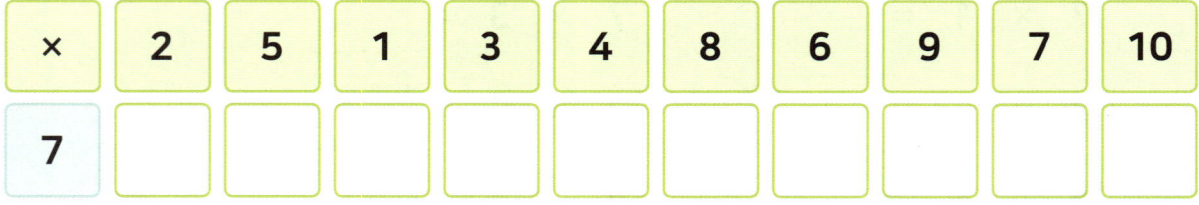

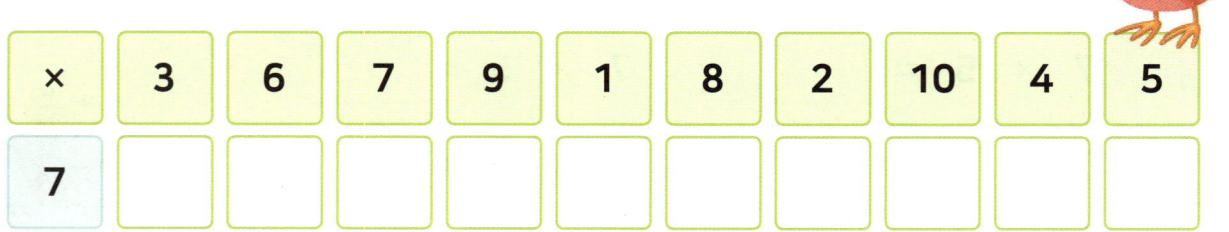

배움 22

8×6, 8×7, 8×8, 8×9, 8×10

월   일

1 영상을 보며 8단 곱셈을 외워 보세요.

열심히 연습했으면 ○표하세요.

함께하기

스스로 하기

2 곱셈을 잘하게 해주는 덧셈을 하세요.

8 + 8 =

16 + 8 =

24 + 8 =

32 + 8 =

40 + 8 =

48 + 8 =

56 + 8 =

64 + 8 =

72 + 8 =

40 + 8 =

40 + 16 =

40 + 24 =

40 + 32 =

40 + 40 =

배움 22 8×6, 8×7, 8×8, 8×9, 8×10

3 아래와 같이 그림을 보고 곱셈식을 완성하세요.

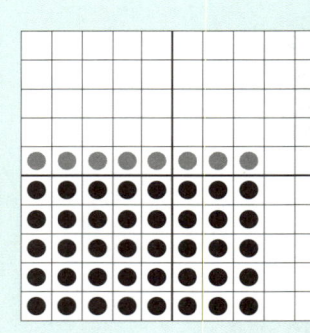

$8 \times 6 = 48$
$8 \times 1 = \boxed{8}$
$8 \times 5 = \boxed{40}$

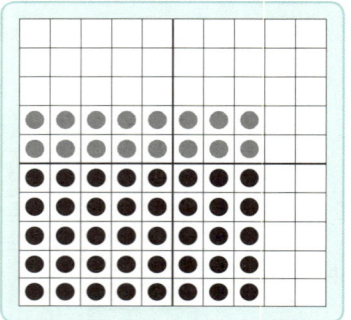

$8 \times 7 = 56$
$8 \times 2 = \boxed{}$
$8 \times 5 = \boxed{}$

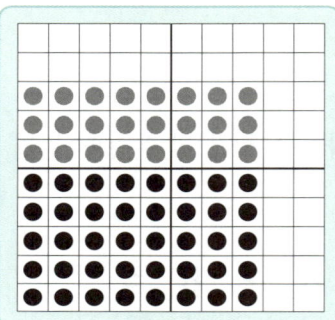

$8 \times 8 = 64$
$8 \times 3 = \boxed{}$
$8 \times 5 = \boxed{}$

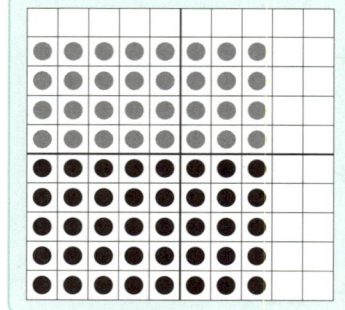

$8 \times 9 = 72$
$8 \times 4 = \boxed{}$
$8 \times 5 = \boxed{}$

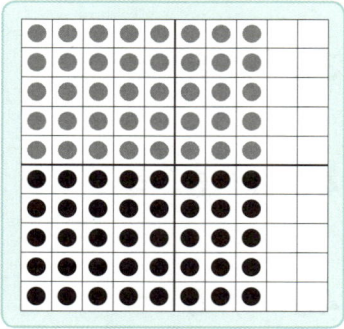

$8 \times 10 = 80$
$8 \times 5 = \boxed{}$
$8 \times 5 = \boxed{}$

4 ☐ 안의 곱셈식을 만들 수 있는 2개의 식을 찾아 연결하세요.

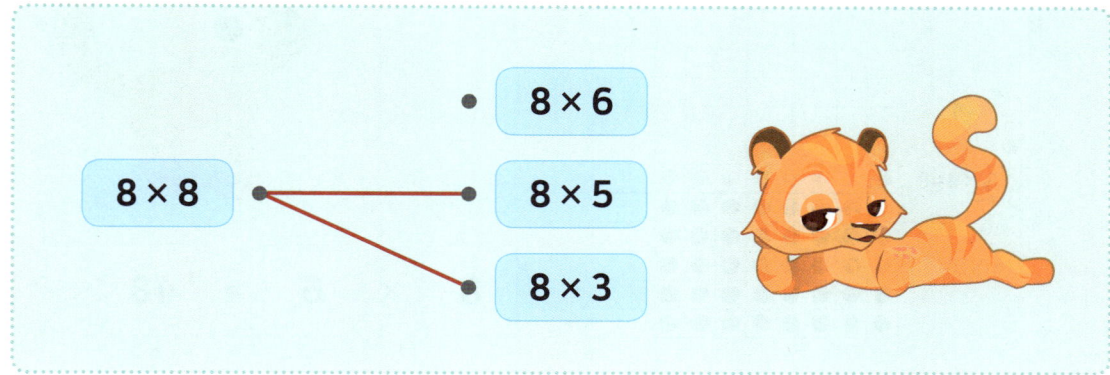

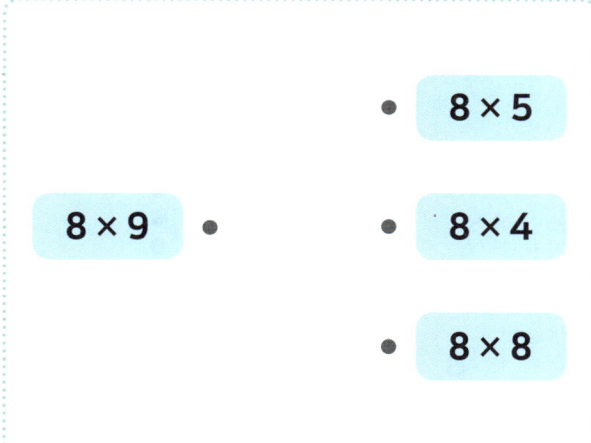

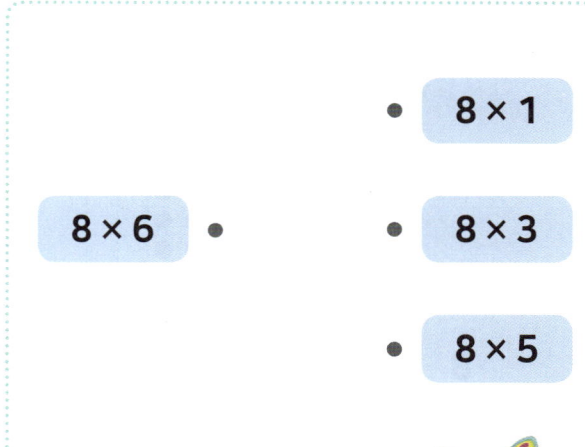

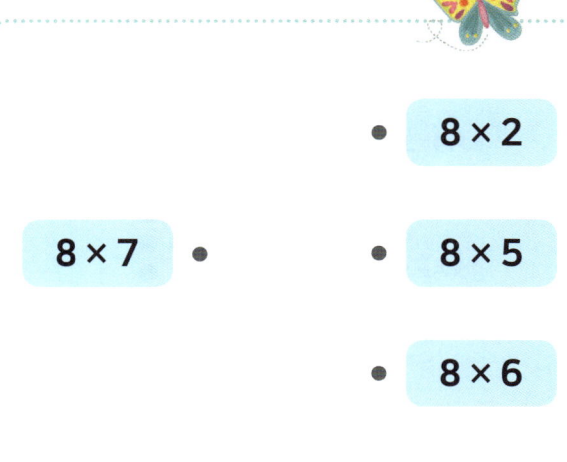

배움 22 8×6, 8×7, 8×8, 8×9, 8×10

5 보기 와 같이 그림을 보고 빈칸에 알맞은 곱셈식을 쓰세요.

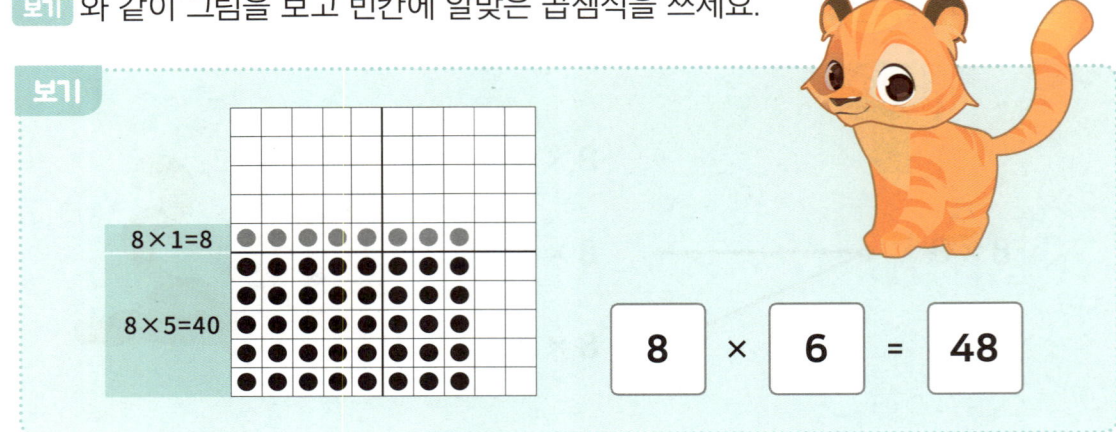

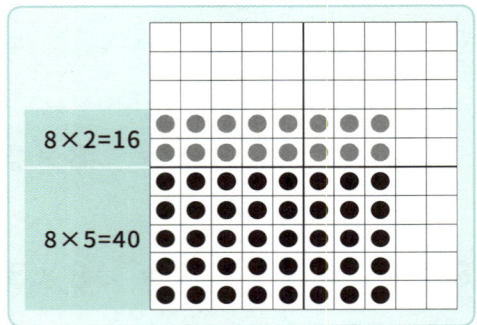

8 × ☐ = ☐

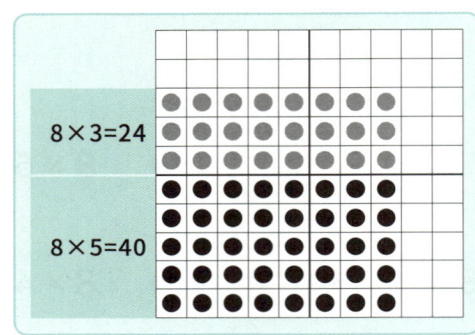

8 × ☐ = ☐

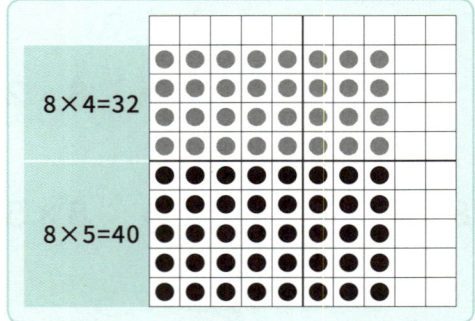

8 × ☐ = ☐

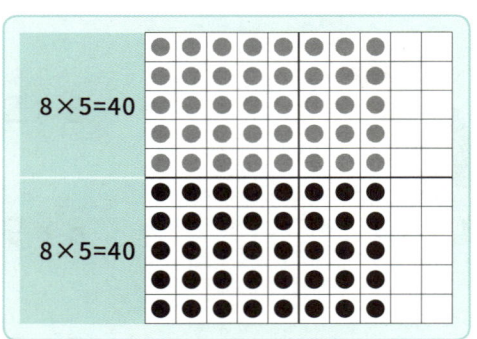

8 × ☐ = ☐

6 보기 와 같이 곱셈식을 8 × 5와 8 × 몇으로 나타내보세요.

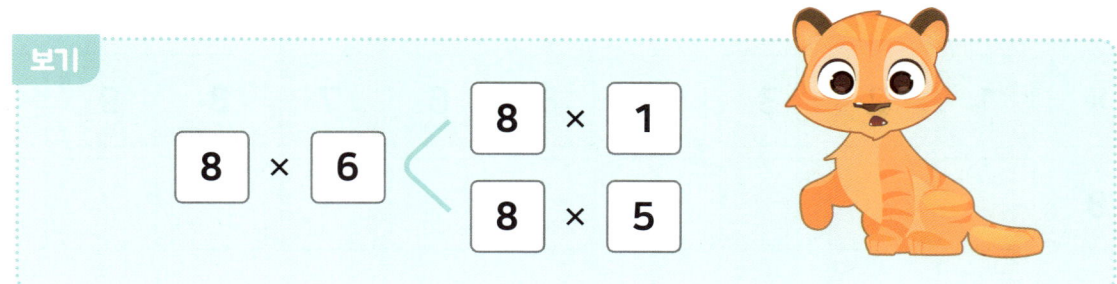

8 × 7 < ☐ × ☐ / 8 × 5

8 × 8 < ☐ × ☐ / 8 × 5

8 × 10 < ☐ × ☐ / 8 × 5

8 × 9 < ☐ × ☐ / 8 × 5

7 빈칸에 알맞은 답을 쓰세요.

8 × 1 = ☐
8 × 5 = ☐
8 × 6 = ☐

8 × 3 = ☐
8 × 5 = ☐
8 × 8 = ☐

8 × 2 = ☐
8 × 5 = ☐
8 × 7 = ☐

8 × 4 = ☐
8 × 5 = ☐
8 × 9 = ☐

배움 22 8x6, 8x7, 8x8, 8x9, 8x10

8 곱셈표를 완성해보세요.

×	1	2	3	4	5	6	7	8	9	10
8										

×	1	3	5	7	9	2	4	6	8	10
8										

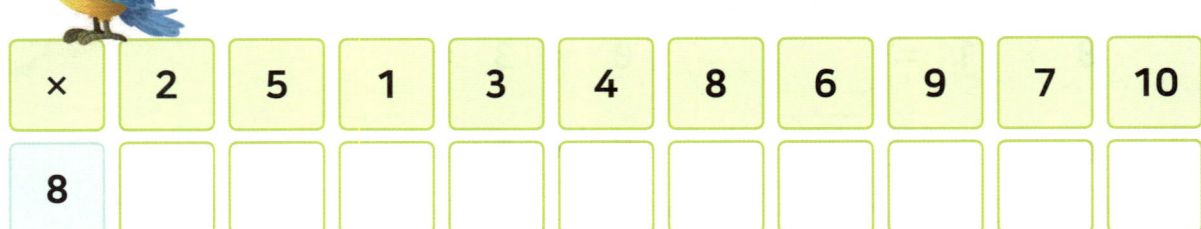

×	2	5	1	3	4	8	6	9	7	10
8										

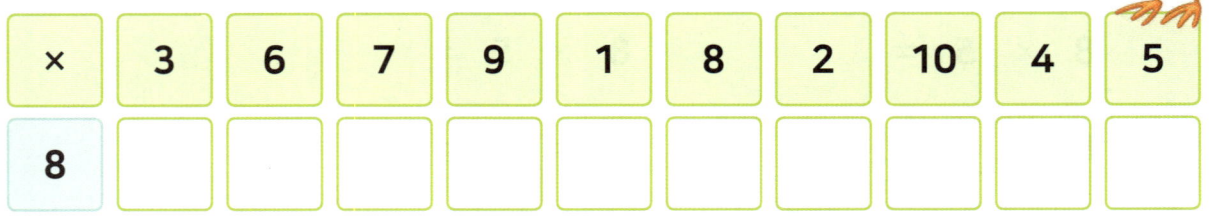

×	3	6	7	9	1	8	2	10	4	5
8										

배움 23

9×6, 9×7, 9×8, 9×9, 9×10

월   일

1 영상을 보며 9단 곱셈을 외워 보세요.

열심히 연습했으면 ○표하세요.

| 함께하기 | 스스로 하기 |

2 곱셈을 잘하게 해주는 덧셈을 하세요.

9 + 9 =
18 + 9 =
27 + 9 =
36 + 9 =
45 + 9 =
54 + 9 =
63 + 9 =

72 + 9 =
81 + 9 =
45 + 9 =
45 + 18 =
45 + 27 =
45 + 36 =
45 + 45 =

배움 23 9×6, 9×7, 9×8, 9×9, 9×10

3 아래와 같이 그림을 보고 곱셈식을 완성하세요.

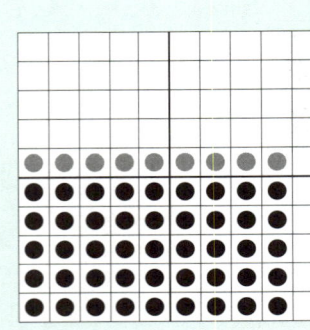

9 × 6 = 54 ⟨ 9 × 1 = 9
9 × 5 = 45

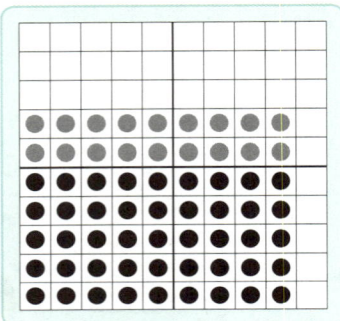

9 × 7 = 63 ⟨ 9 × 2 =
9 × 5 =

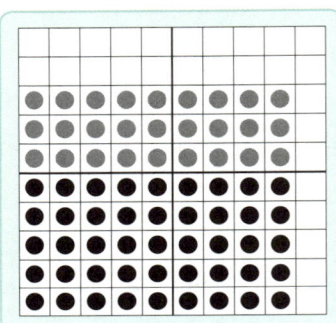

9 × 8 = 72 ⟨ 9 × 3 =
9 × 5 =

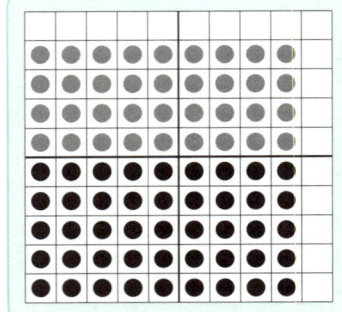

9 × 9 = 81 ⟨ 9 × 4 =
9 × 5 =

9 × 10 = 90 ⟨ 9 × 5 =
9 × 5 =

4 ☐ 안의 곱셈식을 만들 수 있는 2개의 식을 찾아 연결하세요.

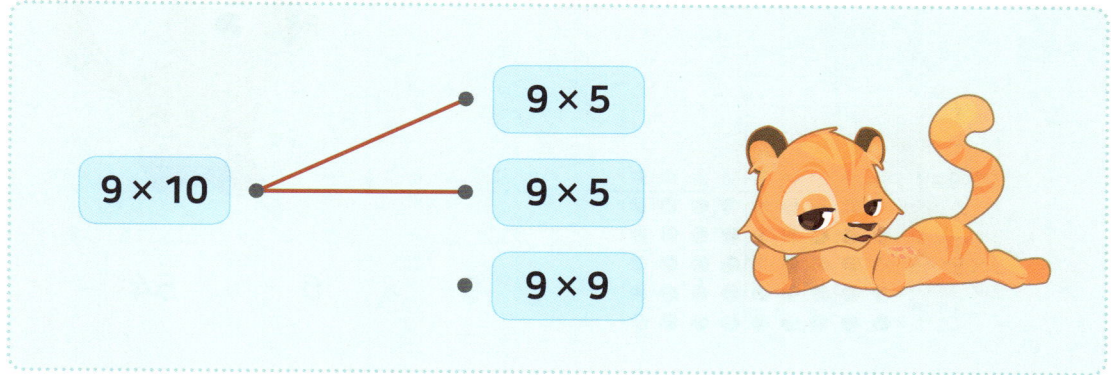

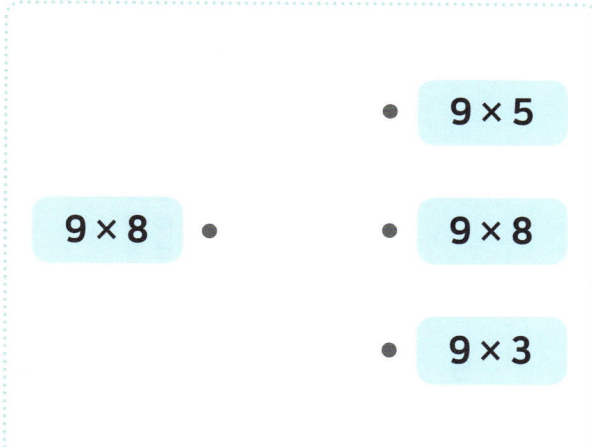

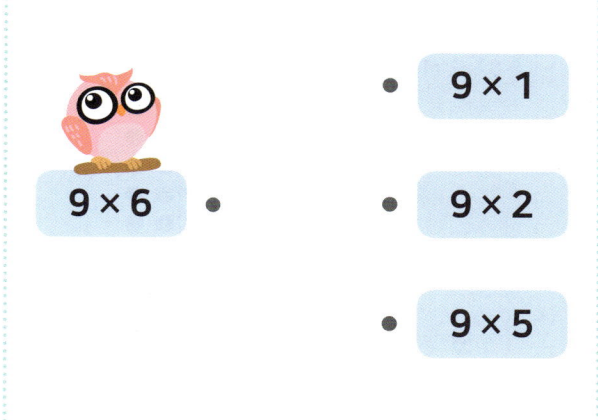

배움 23 9×6, 9×7, 9×8, 9×9, 9×10

5 보기 와 같이 그림을 보고 빈칸에 알맞은 곱셈식을 쓰세요.

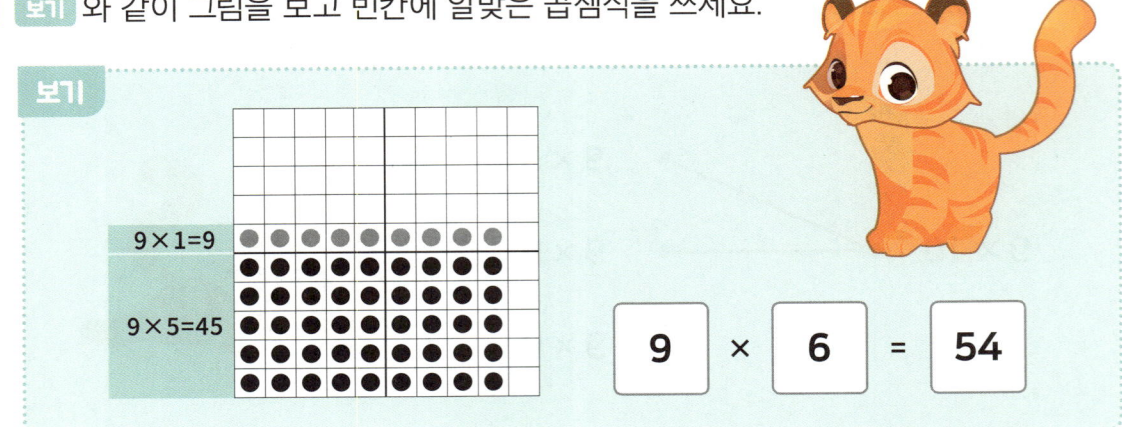

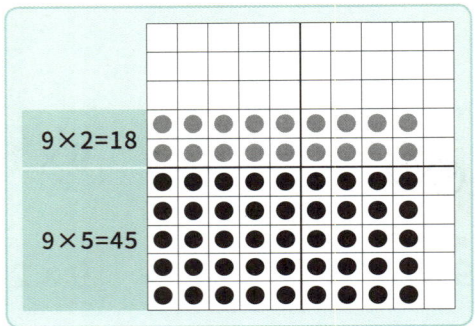

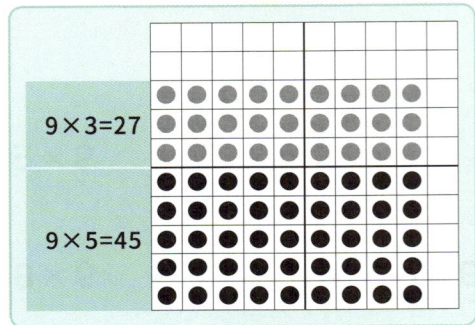

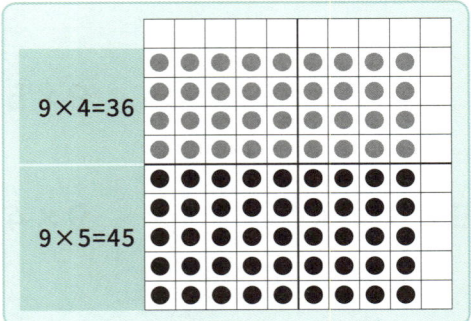

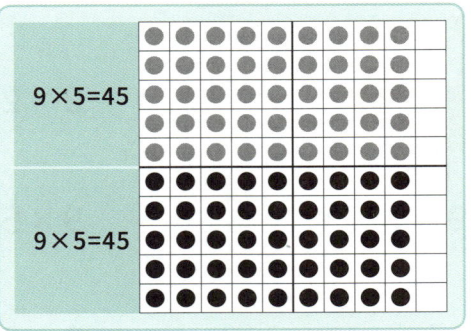

6 보기 와 같이 곱셈식을 9 × 5와 9 × 몇으로 나타내보세요.

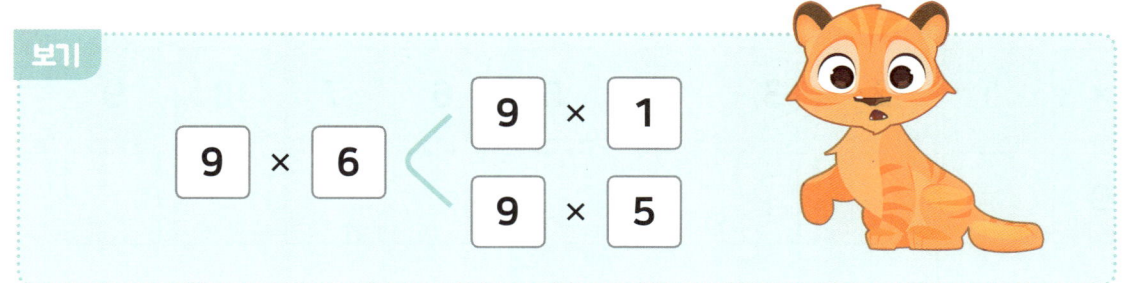

9 × 7 ⟨ ☐ × ☐ / 9 × 5

9 × 8 ⟨ ☐ × ☐ / 9 × 5

9 × 10 ⟨ ☐ × ☐ / 9 × 5

9 × 9 ⟨ ☐ × ☐ / 9 × 5

7 빈칸에 알맞은 답을 쓰세요.

9 × 1 = ☐
9 × 5 = ☐
9 × 6 = ☐

9 × 3 = ☐
9 × 5 = ☐
9 × 8 = ☐

9 × 2 = ☐
9 × 5 = ☐
9 × 7 = ☐

9 × 4 = ☐
9 × 5 = ☐
9 × 9 = ☐

배움 23 9x6, 9x7, 9x8, 9x9, 9x10

8 곱셈표를 완성해보세요.

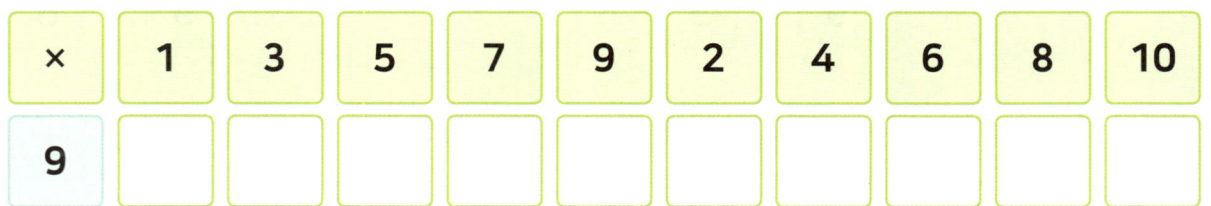

배움 24
내 실력 어디까지 왔을까?

월   일

금메달	은메달	동메달
35~40개	30~34개	25~29개

맞은 개수: 개 / 40개

메달 스티커를 붙여주세요.

6단
6 × 1 =
6 × 2 =
6 × 3 =
6 × 4 =
6 × 5 =
6 × 6 =
6 × 7 =
6 × 8 =
6 × 9 =
6 × 10 =

7단
7 × 1 =
7 × 2 =
7 × 3 =
7 × 4 =
7 × 5 =
7 × 6 =
7 × 7 =
7 × 8 =
7 × 9 =
7 × 10 =

8단
8 × 1 =
8 × 2 =
8 × 3 =
8 × 4 =
8 × 5 =
8 × 6 =
8 × 7 =
8 × 8 =
8 × 9 =
8 × 10 =

9단
9 × 1 =
9 × 2 =
9 × 3 =
9 × 4 =
9 × 5 =
9 × 6 =
9 × 7 =
9 × 8 =
9 × 9 =
9 × 10 =

배움 25

3x6과 6x3

월   일

1 영상을 보며 6단 곱셈을 외워 보세요.

🐛 열심히 연습했으면 ○표하세요.

| 함께하기 | 스스로 하기 |

2 곱셈을 잘하게 해주는 덧셈을 하세요.

6 + 6 = ☐

12 + 6 = ☐

18 + 6 = ☐

24 + 6 = ☐

30 + 6 = ☐

36 + 6 = ☐

42 + 6 = ☐

48 + 6 = ☐

54 + 6 = ☐

30 + 6 = ☐

30 + 12 = ☐

30 + 18 = ☐

30 + 24 = ☐

30 + 30 = ☐

3 빈칸에 들어갈 알맞은 수를 쓰고 같은 것끼리 연결해보세요.

2 × 6 = ☐

3 × 6 = ☐

4 × 6 = ☐

5 × 6 = ☐

6 × ☐ = ☐

6 × ☐ = ☐

6 × ☐ = ☐

6 × ☐ = ☐

배움 25 3x6과 6x3

4 빈칸에 들어갈 알맞은 수를 쓰고 같은 것끼리 연결해보세요.

• 2 × 6 = ☐ •   • 6 × 3 = ☐

• 3 × 6 = ☐ •   • 6 × 2 = ☐

• 4 × 6 = ☐ •   • 6 × 5 = ☐

• 5 × 6 = ☐ •   • 6 × 4 = ☐

5 보기 를 참고해서 빈칸에 알맞은 답을 넣으세요.

> **보기**
>
> 6 × 2 = 12   6 × 3 = 18   6 × 4 = 24
>
> 6 × 5 = 30   6 × 7 = 42   6 × 8 = 48

2 × 6 = ☐   3 × 6 = ☐

8 × 6 = ☐   4 × 6 = ☐

7 × 6 = ☐   5 × 6 = ☐

6 빈칸에 알맞은 답을 쓰세요.

3 × 6 = ☐   7 × 6 = ☐
6 × 3 = ☐   6 × 7 = ☐

4 × 6 = ☐   8 × 6 = ☐
6 × 4 = ☐   6 × 8 = ☐

5 × 6 = ☐   9 × 6 = ☐
6 × 5 = ☐   6 × 9 = ☐

배움 25 3×6과 6×3

7 곱셈표를 완성해보세요.

×	1	2	3	4	5	6	7	8	9	10
6										

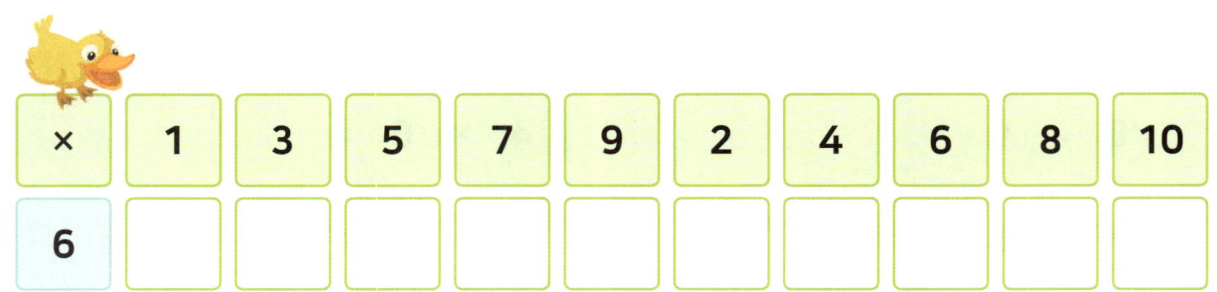

×	1	3	5	7	9	2	4	6	8	10
6										

×	2	5	1	3	4	8	6	9	7	10
6										

×	3	6	7	9	1	8	2	10	4	5
6										

배움 26

3×7과 7×3

월   일

1 영상을 보며 7단 곱셈을 외워 보세요.

열심히 연습했으면 ○표하세요.

| 함께하기 | 스스로 하기 |

2 곱셈을 잘하게 해주는 덧셈을 하세요.

7 + 7 = 　　　　56 + 7 =

14 + 7 = 　　　　63 + 7 =

21 + 7 = 　　　　35 + 7 =

28 + 7 = 　　　　35 + 14 =

35 + 7 = 　　　　35 + 21 =

42 + 7 = 　　　　35 + 28 =

49 + 7 = 　　　　35 + 35 =

배움 26 3×7과 7×3

3 빈칸에 들어갈 알맞은 수를 쓰고 같은 것끼리 연결해보세요.

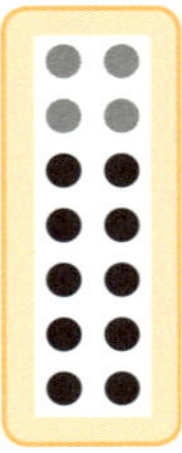

2 × 7 = ☐

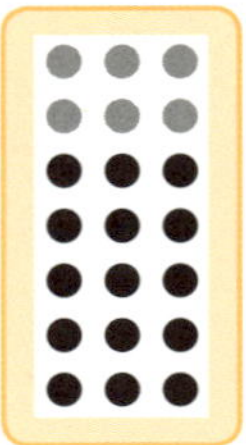

3 × 7 = ☐

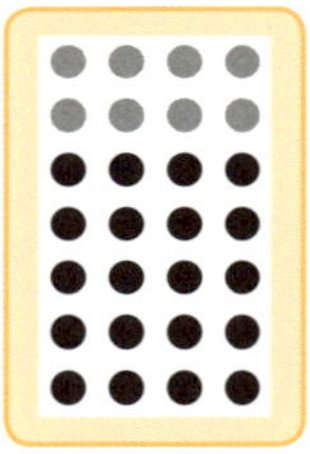

4 × 7 = ☐

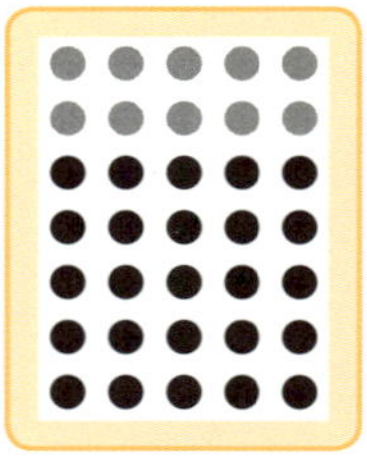

5 × 7 = ☐

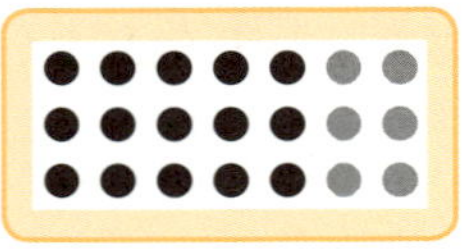

7 × ☐ = ☐

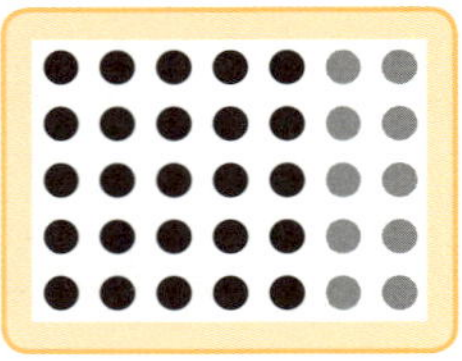

7 × ☐ = ☐

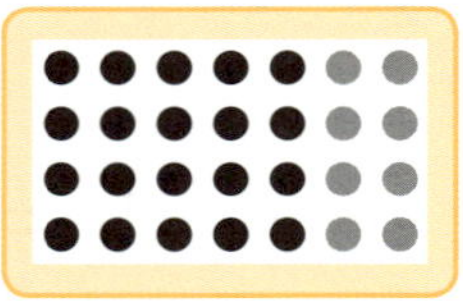

7 × ☐ = ☐

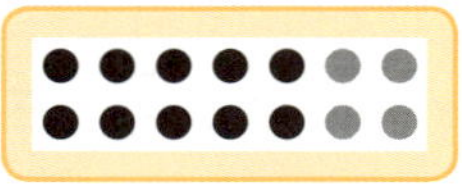

7 × ☐ = ☐

4 빈칸에 들어갈 알맞은 수를 쓰고 같은 것끼리 연결해보세요.

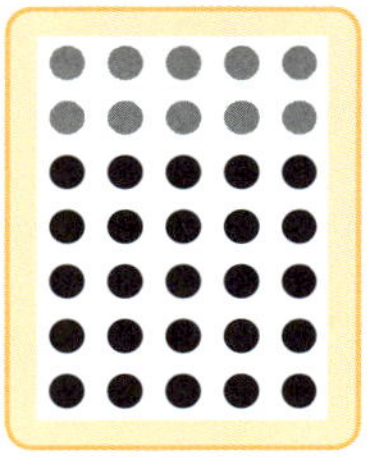

2 × 7 = ☐   7 × 3 = ☐

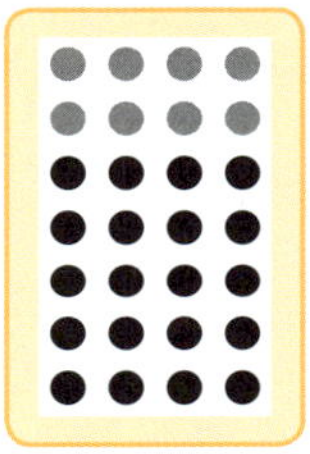

3 × 7 = ☐   7 × 5 = ☐

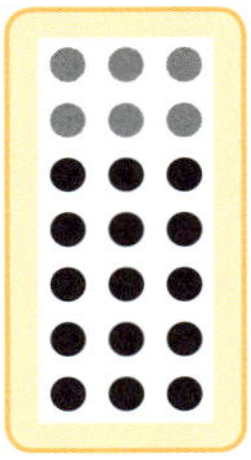

4 × 7 = ☐   7 × 2 = ☐

5 × 7 = ☐   7 × 4 = ☐

배움 26 3x7과 7x3

5 보기 를 참고해서 빈칸에 알맞은 답을 넣으세요.

> **보기**
>
> $7 \times 2 = 14$ $7 \times 3 = 21$ $7 \times 4 = 28$
>
> $7 \times 5 = 35$ $7 \times 6 = 42$ $7 \times 8 = 56$

2 × 7 = ☐   3 × 7 = ☐

8 × 7 = ☐   4 × 7 = ☐

6 × 7 = ☐   5 × 7 = ☐

6 빈칸에 알맞은 답을 쓰세요.

3 × 7 = ☐   6 × 7 = ☐
7 × 3 = ☐   7 × 6 = ☐

4 × 7 = ☐   8 × 7 = ☐
7 × 4 = ☐   7 × 8 = ☐

5 × 7 = ☐   9 × 7 = ☐
7 × 5 = ☐   7 × 9 = ☐

7 곱셈표를 완성해보세요.

×	1	2	3	4	5	6	7	8	9	10
7										

×	1	3	5	7	9	2	4	6	8	10
7										

×	2	5	1	3	4	8	6	9	7	10
7										

×	3	6	7	9	1	8	2	10	4	5
7										

배움 27

3x8과 8x3

월   일

1 영상을 보며 8단 곱셈을 외워 보세요.

열심히 연습했으면 ○표하세요.

함께하기

스스로 하기

2 곱셈을 잘하게 해주는 덧셈을 하세요.

8 + 8 =

16 + 8 =

24 + 8 =

32 + 8 =

40 + 8 =

48 + 8 =

56 + 8 =

64 + 8 =

72 + 8 =

40 + 8 =

40 + 16 =

40 + 24 =

40 + 32 =

40 + 40 =

3 빈칸에 들어갈 알맞은 수를 쓰고 같은 것끼리 연결해보세요.

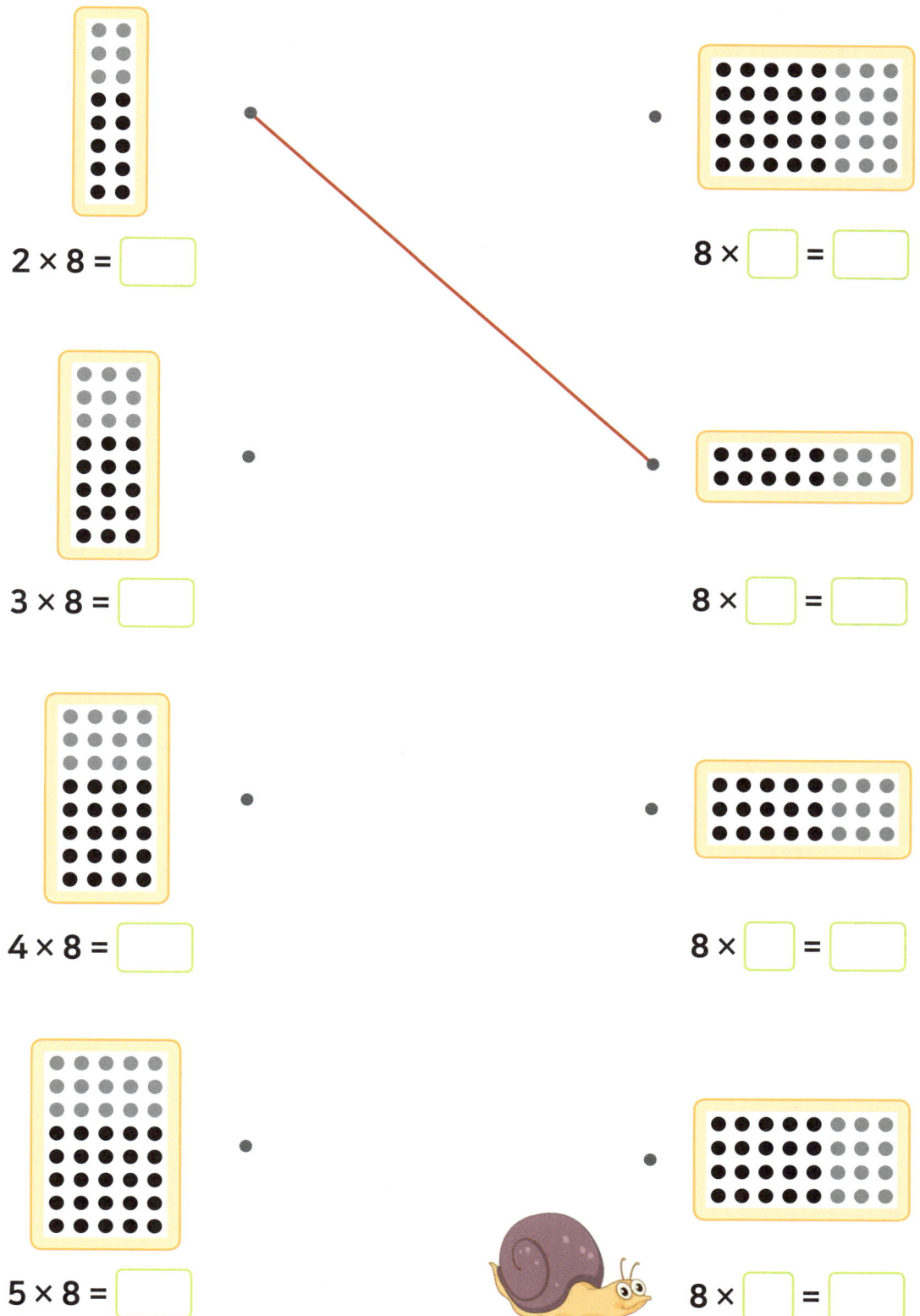

배움 27 3x8과 8x3

4 빈칸에 들어갈 알맞을 수를 쓰고 같은 것끼리 연결해보세요.

2 × 8 = ☐   8 × 2 = ☐

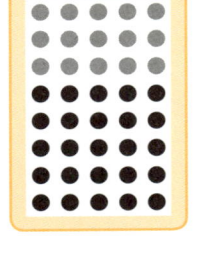

3 × 8 = ☐   8 × 4 = ☐

4 × 8 = ☐   8 × 3 = ☐

5 × 8 = ☐   8 × 5 = ☐

152

5 보기 를 참고해서 빈칸에 알맞은 답을 넣으세요.

> **보기**
>
> $8 \times 2 = 16$ $8 \times 3 = 24$ $8 \times 4 = 32$
>
> $8 \times 5 = 40$ $8 \times 6 = 48$ $8 \times 7 = 56$

$2 \times 8 =$ ☐ $3 \times 8 =$ ☐

$7 \times 8 =$ ☐ $4 \times 8 =$ ☐

$6 \times 8 =$ ☐ $5 \times 8 =$ ☐

6 빈칸에 알맞은 답을 쓰세요.

$3 \times 8 =$ ☐ $6 \times 8 =$ ☐
$8 \times 3 =$ ☐ $8 \times 6 =$ ☐

$4 \times 8 =$ ☐ $7 \times 8 =$ ☐
$8 \times 4 =$ ☐ $8 \times 7 =$ ☐

$5 \times 8 =$ ☐ $9 \times 8 =$ ☐
$8 \times 5 =$ ☐ $8 \times 9 =$ ☐

배움 27 3x8과 8x3

7 곱셈표를 완성해보세요.

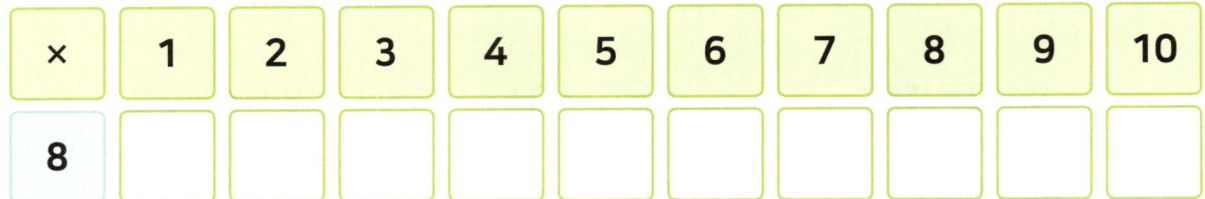

×	1	2	3	4	5	6	7	8	9	10
8										

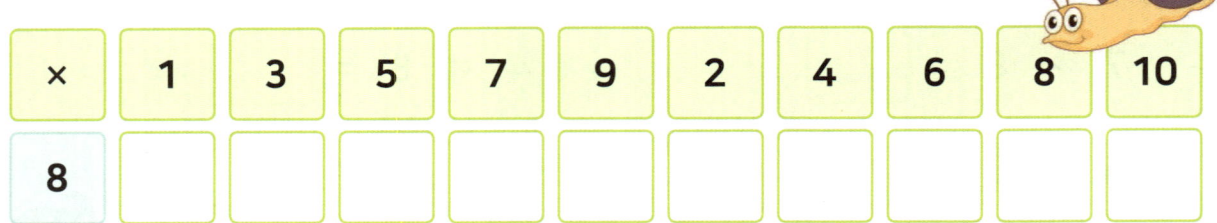

×	1	3	5	7	9	2	4	6	8	10
8										

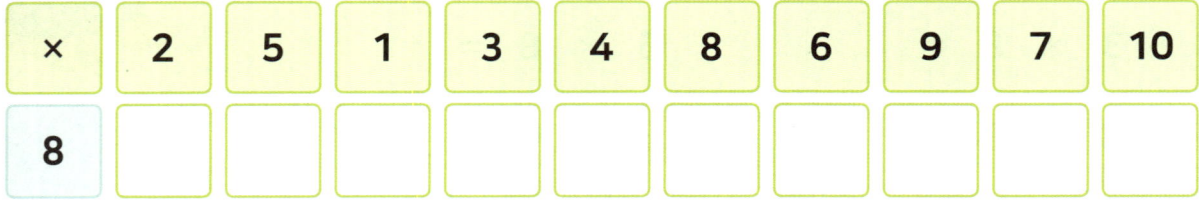

×	2	5	1	3	4	8	6	9	7	10
8										

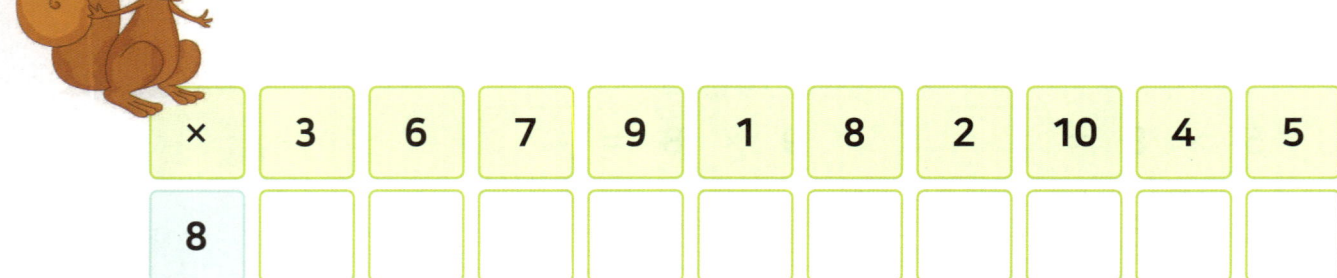

×	3	6	7	9	1	8	2	10	4	5
8										

배움 28

3×9와 9×3

월   일

1. 영상을 보며 9단 곱셈을 외워 보세요.

열심히 연습했으면 ○표하세요.

함께하기   스스로 하기

2. 곱셈을 잘하게 해주는 덧셈을 하세요.

9 + 9 = ☐

18 + 9 = ☐

27 + 9 = ☐

36 + 9 = ☐

45 + 9 = ☐

54 + 9 = ☐

63 + 9 = ☐

72 + 9 = ☐

81 + 9 = ☐

45 + 9 = ☐

45 + 18 = ☐

45 + 27 = ☐

45 + 36 = ☐

45 + 45 = ☐

배움 28 3×9과 9×3

3 빈칸에 들어갈 알맞은 수를 쓰고 같은 것끼리 연결해보세요.

2 × 9 = ☐

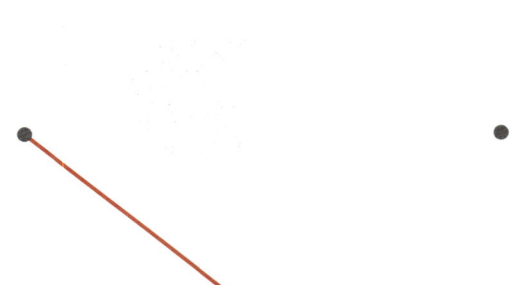

9 × ☐ = ☐

3 × 9 = ☐

9 × ☐ = ☐

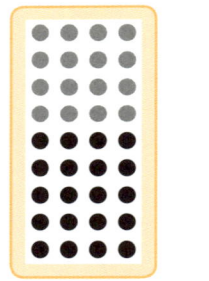

4 × 9 = ☐

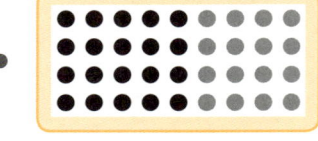

9 × ☐ = ☐

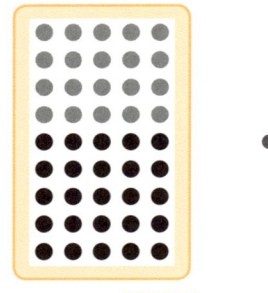

5 × 9 = ☐

9 × ☐ = ☐

4 빈칸에 들어갈 알맞은 수를 쓰고 같은 것끼리 연결해보세요.

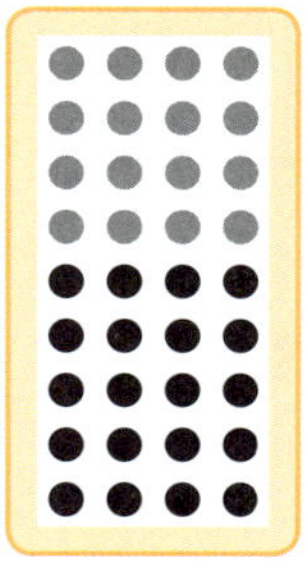

2 × 9 = ☐   9 × 4 = ☐

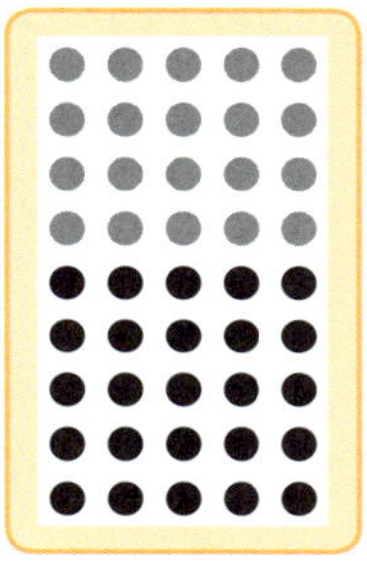

3 × 9 = ☐   9 × 2 = ☐

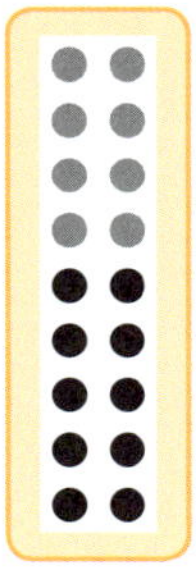

4 × 9 = ☐   9 × 5 = ☐

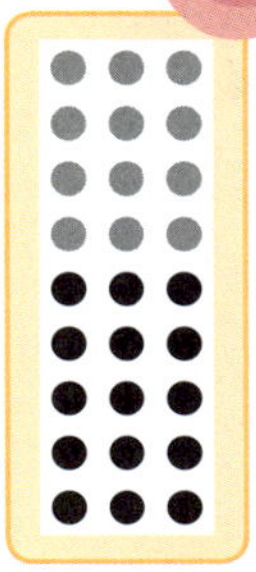

5 × 9 = ☐   9 × 3 = ☐

배움 28 3x9과 9x3

5 보기 를 참고해서 빈칸에 알맞은 답을 넣으세요.

> **보기**
>
> 9 × 2 = 18   9 × 3 = 27   9 × 4 = 36
>
> 9 × 5 = 45   9 × 6 = 54   9 × 7 = 63

2 × 9 = ☐   3 × 9 = ☐

7 × 9 = ☐   4 × 9 = ☐

6 × 9 = ☐   5 × 9 = ☐

6 빈칸에 알맞은 답을 쓰세요.

3 × 9 = ☐   6 × 9 = ☐
9 × 3 = ☐   9 × 6 = ☐

4 × 9 = ☐   7 × 9 = ☐
9 × 4 = ☐   9 × 7 = ☐

5 × 9 = ☐   8 × 9 = ☐
9 × 5 = ☐   9 × 8 = ☐

7 곱셈표를 완성해보세요.

×	1	2	3	4	5	6	7	8	9	10
9										

×	1	3	5	7	9	2	4	6	8	10
9										

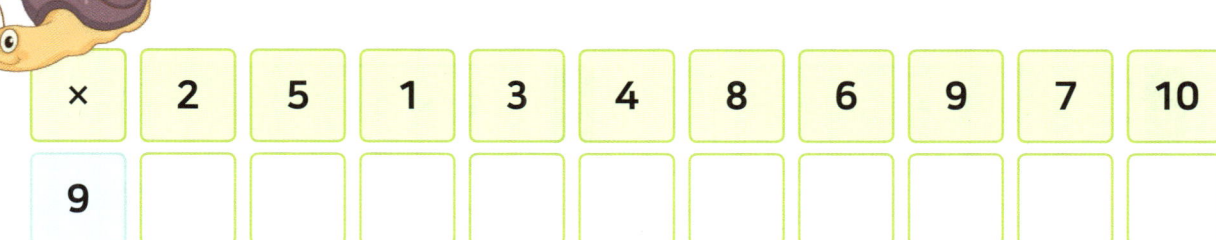

×	2	5	1	3	4	8	6	9	7	10
9										

×	3	6	7	9	1	8	2	10	4	5
9										

배움 29
내 실력 어디까지 왔을까?

월 일

금메달	은메달	동메달
35~40개	30~34개	25~29개

맞은 개수: 개 / 40개

메달 스티커를 붙여주세요.

6단
- 6 × 1 =
- 6 × 2 =
- 6 × 3 =
- 6 × 4 =
- 6 × 5 =
- 6 × 6 =
- 6 × 7 =
- 6 × 8 =
- 6 × 9 =
- 6 × 10 =

7단
- 7 × 1 =
- 7 × 2 =
- 7 × 3 =
- 7 × 4 =
- 7 × 5 =
- 7 × 6 =
- 7 × 7 =
- 7 × 8 =
- 7 × 9 =
- 7 × 10 =

8단
- 8 × 1 =
- 8 × 2 =
- 8 × 3 =
- 8 × 4 =
- 8 × 5 =
- 8 × 6 =
- 8 × 7 =
- 8 × 8 =
- 8 × 9 =
- 8 × 10 =

9단
- 9 × 1 =
- 9 × 2 =
- 9 × 3 =
- 9 × 4 =
- 9 × 5 =
- 9 × 6 =
- 9 × 7 =
- 9 × 8 =
- 9 × 9 =
- 9 × 10 =

9단 쉽게 외우는 방법

9 × [6] = [5] 4   ① 6보다 1작은 수를 써요.

9 × 7 = [6] 3   ① 7보다 1작은 수를 써요.

9 × 6 = 5 [4]   ② 두 수를 더하면 9가 돼요.

9 × 7 = 6 [3]   ② 두 수를 더하면 9가 돼요.

🐌 빈 칸에 알맞은 수를 써보세요.

곱하는 수 ↓

9 × 5 = [ ] 5

9 × 8 = [ ] 2

9 × 9 = [ ] 1

곱하는 수보다 1작은 수를 쓰면 돼

9 × 2 = 1 [ ]

9 × 6 = 5 [ ]

9 × 4 = 3 [ ]

두 수를 더하면 9가 돼요.

0을 곱하면 어떻게 될까?

쿠키가 2개씩 2봉지
쿠키의 개수는 2×2=4

쿠키가 1개씩 2봉지
쿠키의 개수는 1×2=2

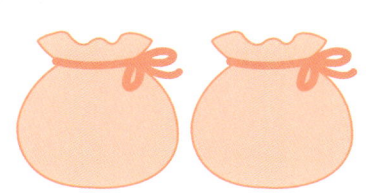

쿠키가 0개씩 2봉지
쿠키의 개수는 0×2=0

배움 30
배운 내용 복습하기

월   일

1 곱셈표를 완성하고 각 단의 규칙을 써보세요.

×	0	1	2	3	4	5	6	7	8	9	10
2	0										

2단 곱셈은 (_____)씩 커지고 있어요!

×	0	1	2	3	4	5	6	7	8	9	10
3											

3단 곱셈은 (_____)씩 커지고 있어요!

×	0	1	2	3	4	5	6	7	8	9	10
4											

4단 곱셈은 (_____)씩 커지고 있어요!

×	0	1	2	3	4	5	6	7	8	9	10
5											

5단 곱셈은 (_____)씩 커지고 있어요!

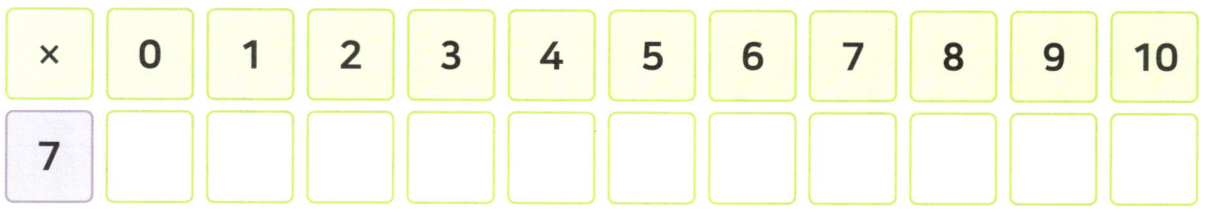

6단 곱셈은 (_____)씩 커지고 있어요!

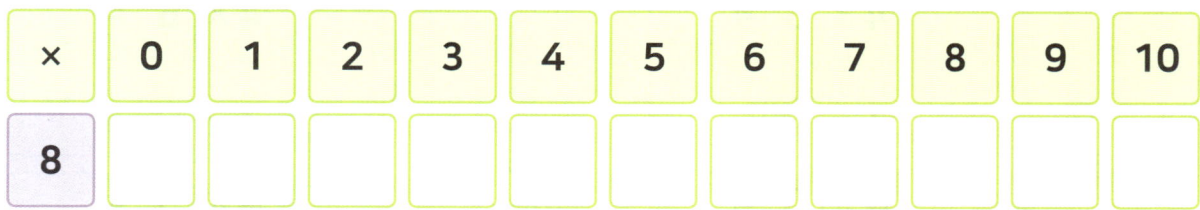

7단 곱셈은 (_____)씩 커지고 있어요!

8단 곱셈은 (_____)씩 커지고 있어요!

×	0	1	2	3	4	5	6	7	8	9	10
9											

9단 곱셈은 (_____)씩 커지고 있어요!

배움 30 배운 내용 복습하기

2 빈칸에 알맞은 답을 쓰세요.

> 곱하는 수가 클 때는 쪼개서 생각해보자!

보기

$8 \times 6 = 48$
- $8 \times 1 = 8$
- $8 \times 5 = 40$

$3 \times 9 = \square$
- $3 \times \square = \square$
- $3 \times 5 = \square$

$3 \times 6 = \square$
- $3 \times \square = \square$
- $3 \times 5 = \square$

$3 \times 8 = \square$
- $3 \times \square = \square$
- $3 \times 5 = \square$

$3 \times 7 = \square$
- $3 \times \square = \square$
- $3 \times 5 = \square$

$4 \times 8 = \square$
- $4 \times \square = \square$
- $4 \times 5 = \square$

$4 \times 9 = \square$
- $4 \times \square = \square$
- $4 \times 5 = \square$

$4 \times 6 = \square$
- $4 \times \square = \square$
- $4 \times 5 = \square$

$4 \times 7 = \square$
- $4 \times \square = \square$
- $4 \times 5 = \square$

$5 \times 6 = \square$
- $5 \times \square = \square$
- $5 \times 5 = \square$

$5 \times 7 = \square$
- $5 \times \square = \square$
- $5 \times 5 = \square$

$5 \times 8 = \square$
- $5 \times \square = \square$
- $5 \times 5 = \square$

$5 \times 9 = \square$
- $5 \times \square = \square$
- $5 \times 5 = \square$

6 × 9 = ☐ < 6 × ☐ = ☐
          6 × 5 = ☐

6 × 6 = ☐ < 6 × ☐ = ☐
          6 × 5 = ☐

6 × 8 = ☐ < 6 × ☐ = ☐
          6 × 5 = ☐

6 × 7 = ☐ < 6 × ☐ = ☐
          6 × 5 = ☐

7 × 8 = ☐ < 7 × ☐ = ☐
          7 × 5 = ☐

7 × 9 = ☐ < 7 × ☐ = ☐
          7 × 5 = ☐

7 × 6 = ☐ < 7 × ☐ = ☐
          7 × 5 = ☐

7 × 7 = ☐ < 7 × ☐ = ☐
          7 × 5 = ☐

8 × 7 = ☐ < 8 × ☐ = ☐
          8 × 5 = ☐

8 × 8 = ☐ < 8 × ☐ = ☐
          8 × 5 = ☐

8 × 6 = ☐ < 8 × ☐ = ☐
          8 × 5 = ☐

8 × 9 = ☐ < 8 × ☐ = ☐
          8 × 5 = ☐

9 × 6 = ☐ < 9 × ☐ = ☐
          9 × 5 = ☐

9 × 7 = ☐ < 9 × ☐ = ☐
          9 × 5 = ☐

9 × 8 = ☐ < 9 × ☐ = ☐
          9 × 5 = ☐

9 × 9 = ☐ < 9 × ☐ = ☐
          9 × 5 = ☐

배움 30 배운 내용 복습하기

3. 보기 의 내용을 떠올리며 빈칸에 알맞은 답을 쓰세요.

보기

$3 \times 8 = 24$

$8 \times 3 = 24$

곱하는 수의 순서가 바뀌어도 값은 똑같아!

$2 \times 6 =$ ☐ $3 \times 6 =$ ☐
$6 \times 2 =$ ☐ $6 \times 3 =$ ☐

$4 \times 6 =$ ☐ $5 \times 6 =$ ☐
$6 \times 4 =$ ☐ $6 \times 5 =$ ☐

$2 \times 7 =$ ☐ $3 \times 7 =$ ☐
$7 \times 2 =$ ☐ $7 \times 3 =$ ☐

$4 \times 7 =$ ☐ $5 \times 7 =$ ☐
$7 \times 4 =$ ☐ $7 \times 5 =$ ☐

$6 \times 7 =$ ☐ $4 \times 6 =$ ☐
$7 \times 6 =$ ☐ $6 \times 4 =$ ☐

2 × 8 = ☐
8 × 2 = ☐

3 × 8 = ☐
8 × 3 = ☐

4 × 8 = ☐
8 × 4 = ☐

5 × 8 = ☐
8 × 5 = ☐

6 × 8 = ☐
8 × 6 = ☐

7 × 8 = ☐
8 × 7 = ☐

2 × 9 = ☐
9 × 2 = ☐

3 × 9 = ☐
9 × 3 = ☐

4 × 9 = ☐
9 × 4 = ☐

5 × 9 = ☐
9 × 5 = ☐

6 × 9 = ☐
9 × 6 = ☐

7 × 9 = ☐
9 × 7 = ☐

8 × 9 = ☐
9 × 8 = ☐

7 × 8 = ☐
8 × 7 = ☐

배움 31   월   일

곱셈의 고수 1

반드시 위에서 아래로 순서대로 풀어보세요.

2 × 1 =	3 × 1 =
2 × 2 =	3 × 2 =
2 × 3 =	3 × 3 =
2 × 4 =	3 × 4 =
2 × 5 =	3 × 5 =
2 × 6 =	3 × 6 =
2 × 7 =	3 × 7 =
2 × 8 =	3 × 8 =
2 × 9 =	3 × 9 =
2 × 10 =	3 × 10 =

4 × 1 =	5 × 1 =
4 × 2 =	5 × 2 =
4 × 3 =	5 × 3 =
4 × 4 =	5 × 4 =
4 × 5 =	5 × 5 =
4 × 6 =	5 × 6 =
4 × 7 =	5 × 7 =
4 × 8 =	5 × 8 =
4 × 9 =	5 × 9 =
4 × 10 =	5 × 10 =

 금메달	② 은메달	③ 동메달	맞은 개수
77~80개	72~76개	64~71개	개/80개

6 × 1 =
6 × 2 =
6 × 3 =
6 × 4 =
6 × 5 =
6 × 6 =
6 × 7 =
6 × 8 =
6 × 9 =
6 × 10 =

7 × 1 =
7 × 2 =
7 × 3 =
7 × 4 =
7 × 5 =
7 × 6 =
7 × 7 =
7 × 8 =
7 × 9 =
7 × 10 =

8 × 1 =
8 × 2 =
8 × 3 =
8 × 4 =
8 × 5 =
8 × 6 =
8 × 7 =
8 × 8 =
8 × 9 =
8 × 10 =

9 × 1 =
9 × 2 =
9 × 3 =
9 × 4 =
9 × 5 =
9 × 6 =
9 × 7 =
9 × 8 =
9 × 9 =
9 × 10 =

배움 32 월 일

곱셈의 고수 2

반드시 위에서 아래로 순서대로 풀어보세요.

2 × 1 =	3 × 1 =
2 × 2 =	3 × 2 =
2 × 3 =	3 × 3 =
2 × 4 =	3 × 4 =
2 × 5 =	3 × 5 =
2 × 6 =	3 × 6 =
2 × 7 =	3 × 7 =
2 × 8 =	3 × 8 =
2 × 9 =	3 × 9 =
2 × 10 =	3 × 10 =

4 × 1 =	5 × 1 =
4 × 2 =	5 × 2 =
4 × 3 =	5 × 3 =
4 × 4 =	5 × 4 =
4 × 5 =	5 × 5 =
4 × 6 =	5 × 6 =
4 × 7 =	5 × 7 =
4 × 8 =	5 × 8 =
4 × 9 =	5 × 9 =
4 × 10 =	5 × 10 =

금메달	은메달	동메달
77~80개	72~76개	64~71개

맞은 개수

개/80개

메달 스티커를 붙여주세요.

6 × 1 =
6 × 2 =
6 × 3 =
6 × 4 =
6 × 5 =
6 × 6 =
6 × 7 =
6 × 8 =
6 × 9 =
6 × 10 =

7 × 1 =
7 × 2 =
7 × 3 =
7 × 4 =
7 × 5 =
7 × 6 =
7 × 7 =
7 × 8 =
7 × 9 =
7 × 10 =

8 × 1 =
8 × 2 =
8 × 3 =
8 × 4 =
8 × 5 =
8 × 6 =
8 × 7 =
8 × 8 =
8 × 9 =
8 × 10 =

9 × 1 =
9 × 2 =
9 × 3 =
9 × 4 =
9 × 5 =
9 × 6 =
9 × 7 =
9 × 8 =
9 × 9 =
9 × 10 =

배움 33　　　월　　일

곱셈의 고수 3

반드시 위에서 아래로 순서대로 풀어보세요.

2 × 1 =	3 × 5 =
2 × 5 =	3 × 7 =
2 × 4 =	3 × 1 =
2 × 9 =	3 × 10 =
2 × 8 =	3 × 4 =
2 × 3 =	3 × 6 =
2 × 7 =	3 × 3 =
2 × 2 =	3 × 9 =
2 × 10 =	3 × 2 =
2 × 6 =	3 × 8 =

4 × 5 =	5 × 1 =
4 × 10 =	5 × 8 =
4 × 6 =	5 × 7 =
4 × 1 =	5 × 10 =
4 × 4 =	5 × 6 =
4 × 9 =	5 × 5 =
4 × 3 =	5 × 4 =
4 × 8 =	5 × 9 =
4 × 2 =	5 × 3 =
4 × 7 =	5 × 2 =

 금메달	🥈 은메달	🥉 동메달	맞은 개수
77~80개	72~76개	64~71개	개/80개

메달 스티커를 붙여주세요.

6 × 5 =
6 × 7 =
6 × 1 =
6 × 10 =
6 × 4 =
6 × 6 =
6 × 3 =
6 × 9 =
6 × 2 =
6 × 8 =

7 × 1 =
7 × 8 =
7 × 7 =
7 × 10 =
7 × 6 =
7 × 5 =
7 × 4 =
7 × 9 =
7 × 3 =
7 × 2 =

8 × 1 =
8 × 5 =
8 × 4 =
8 × 9 =
8 × 8 =
8 × 3 =
8 × 7 =
8 × 2 =
8 × 10 =
8 × 6 =

9 × 5 =
9 × 10 =
9 × 6 =
9 × 1 =
9 × 4 =
9 × 9 =
9 × 3 =
9 × 8 =
9 × 2 =
9 × 7 =

배움 34 — 5분 곱셈 올림픽

연습경기

반드시 위에서 아래로 순서대로 풀어보세요.

4 × 2 =	4 × 4 =
2 × 2 =	3 × 2 =
4 × 5 =	5 × 3 =
2 × 4 =	5 × 2 =
5 × 5 =	4 × 1 =
3 × 7 =	3 × 6 =
2 × 7 =	2 × 6 =
4 × 8 =	4 × 7 =
5 × 6 =	5 × 7 =
2 × 10 =	3 × 10 =
3 × 5 =	5 × 1 =
2 × 1 =	3 × 4 =
4 × 3 =	3 × 3 =
3 × 1 =	5 × 4 =
2 × 3 =	2 × 5 =
3 × 8 =	2 × 9 =
4 × 6 =	3 × 9 =
2 × 8 =	5 × 8 =
4 × 9 =	5 × 9 =
4 × 10 =	5 × 10 =

금메달	은메달	동메달
77~80개	72~76개	64~71개

맞은 개수

개/80개

메달 스티커를 붙여주세요.

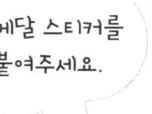

7 × 4 = _____
6 × 2 = _____
8 × 5 = _____
9 × 4 = _____
9 × 2 = _____
8 × 8 = _____
7 × 7 = _____
6 × 8 = _____
6 × 9 = _____
6 × 10 = _____

7 × 1 = _____
8 × 2 = _____
9 × 5 = _____
6 × 1 = _____
8 × 3 = _____
7 × 6 = _____
6 × 7 = _____
7 × 8 = _____
9 × 9 = _____
7 × 10 = _____

8 × 1 = _____
7 × 2 = _____
7 × 5 = _____
8 × 4 = _____
6 × 3 = _____
9 × 8 = _____
8 × 7 = _____
6 × 6 = _____
8 × 9 = _____
8 × 10 = _____

9 × 1 = _____
6 × 5 = _____
9 × 3 = _____
6 × 4 = _____
7 × 3 = _____
9 × 6 = _____
9 × 7 = _____
8 × 6 = _____
7 × 9 = _____
9 × 10 = _____

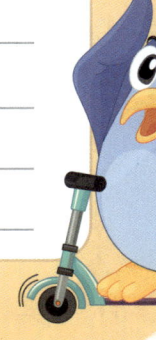

배움 35 곱셈의 고수 4

월 일

반드시 위에서 아래로 순서대로 풀어보세요.

8 × 1 =	3 × 9 =
7 × 6 =	9 × 8 =
2 × 4 =	4 × 1 =
4 × 3 =	8 × 5 =
9 × 3 =	2 × 3 =
3 × 2 =	7 × 2 =
6 × 5 =	3 × 5 =
2 × 9 =	6 × 2 =
6 × 9 =	2 × 8 =
5 × 6 =	5 × 8 =

8 × 3 =	7 × 1 =
5 × 10 =	9 × 7 =
9 × 4 =	3 × 6 =
2 × 1 =	6 × 8 =
6 × 10 =	5 × 3 =
6 × 1 =	6 × 4 =
3 × 4 =	2 × 2 =
7 × 3 =	7 × 8 =
4 × 2 =	4 × 5 =
5 × 7 =	8 × 4 =

 금메달	은메달	동메달	맞은 개수
77~80개	72~76개	64~71개	개/80개

3 × 10 =
5 × 2 =
6 × 6 =
2 × 10 =
7 × 9 =
4 × 4 =
9 × 2 =
3 × 3 =
8 × 2 =
4 × 8 =

4 × 10 =
9 × 6 =
7 × 4 =
5 × 9 =
3 × 7 =
8 × 7 =
4 × 6 =
2 × 7 =
6 × 7 =
5 × 1 =

2 × 5 =
8 × 8 =
5 × 4 =
7 × 10 =
3 × 8 =
9 × 5 =
4 × 7 =
9 × 9 =
7 × 5 =
8 × 6 =

4 × 9 =
3 × 1 =
8 × 9 =
9 × 10 =
8 × 10 =
2 × 6 =
6 × 3 =
9 × 1 =
5 × 5 =
7 × 7 =

배움 36 곱셈의 고수 5

반드시 위에서 아래로 순서대로 풀어보세요.

2 × 1 =	3 × 2 =
8 × 3 =	9 × 3 =
6 × 4 =	5 × 4 =
4 × 5 =	2 × 3 =
9 × 2 =	6 × 2 =
3 × 5 =	7 × 9 =
6 × 10 =	3 × 7 =
5 × 2 =	8 × 8 =
2 × 7 =	4 × 9 =
7 × 4 =	7 × 8 =

5 × 3 =	3 × 6 =
9 × 10 =	4 × 4 =
2 × 6 =	6 × 6 =
6 × 1 =	8 × 6 =
8 × 5 =	2 × 2 =
3 × 1 =	9 × 5 =
7 × 3 =	5 × 7 =
4 × 2 =	7 × 10 =
9 × 7 =	9 × 1 =
6 × 9 =	7 × 5 =

 금메달	은메달	동메달	맞은 개수
77~80개	72~76개	64~71개	개/80개

6 × 5 =
4 × 3 =
8 × 4 =
2 × 4 =
7 × 1 =
4 × 6 =
3 × 4 =
5 × 5 =
8 × 9 =
3 × 8 =

6 × 3 =
2 × 8 =
8 × 1 =
7 × 7 =
5 × 10 =
4 × 1 =
9 × 4 =
3 × 9 =
9 × 9 =
5 × 6 =

4 × 7 =
9 × 6 =
2 × 10 =
6 × 7 =
7 × 2 =
5 × 8 =
8 × 7 =
3 × 3 =
8 × 10 =
4 × 8 =

2 × 5 =
7 × 6 =
3 × 10 =
8 × 2 =
5 × 1 =
2 × 9 =
6 × 8 =
9 × 8 =
4 × 10 =
5 × 9 =

배움 37 월   일

곱셈의 고수 6

반드시 위에서 아래로 순서대로 풀어보세요.

2 × 5 =	4 × 5 =
8 × 9 =	9 × 4 =
5 × 1 =	3 × 10 =
3 × 4 =	4 × 1 =
5 × 10 =	7 × 6 =
7 × 2 =	5 × 7 =
2 × 4 =	2 × 1 =
9 × 2 =	6 × 5 =
4 × 7 =	8 × 4 =
6 × 2 =	3 × 8 =
9 × 1 =	2 × 6 =
5 × 3 =	6 × 4 =
3 × 5 =	5 × 6 =
6 × 1 =	9 × 8 =
7 × 3 =	3 × 2 =
8 × 8 =	7 × 7 =
2 × 3 =	8 × 3 =
6 × 6 =	4 × 3 =
4 × 6 =	7 × 9 =
9 × 9 =	9 × 10 =

 금메달	은메달	동메달	맞은 개수
77~80개	72~76개	64~71개	개/80개

7 × 1 =
4 × 10 =
6 × 3 =
3 × 6 =
5 × 8 =
8 × 5 =
2 × 10 =
6 × 10 =
4 × 9 =
3 × 9 =

5 × 2 =
2 × 2 =
8 × 7 =
4 × 8 =
6 × 9 =
3 × 3 =
5 × 5 =
7 × 5 =
9 × 3 =
2 × 9 =

5 × 9 =
3 × 1 =
7 × 4 =
2 × 7 =
6 × 7 =
7 × 8 =
9 × 7 =
4 × 4 =
8 × 2 =
8 × 10 =

4 × 2 =
7 × 10 =
3 × 7 =
6 × 8 =
8 × 6 =
5 × 4 =
8 × 1 =
9 × 5 =
2 × 8 =
9 × 6 =

배움 38 — 5분 곱셈 올림픽 (예선전)

월 일

반드시 위에서 아래로 순서대로 풀어보세요.

9 × 8 =	3 × 10 =
7 × 6 =	8 × 1 =
2 × 4 =	4 × 1 =
4 × 3 =	8 × 5 =
9 × 3 =	2 × 10 =
3 × 8 =	7 × 2 =
6 × 5 =	3 × 5 =
2 × 9 =	6 × 2 =
6 × 9 =	8 × 2 =
5 × 1 =	5 × 8 =

8 × 3 =	7 × 5 =
5 × 10 =	9 × 7 =
9 × 5 =	3 × 6 =
2 × 1 =	6 × 8 =
6 × 10 =	5 × 3 =
6 × 1 =	6 × 4 =
3 × 4 =	2 × 2 =
7 × 8 =	7 × 3 =
4 × 2 =	4 × 5 =
5 × 5 =	8 × 4 =

🥇 금메달	🥈 은메달	🥉 동메달
77~80개	72~76개	64~71개

맞은 개수

개/80개

메달 스티커를 붙여주세요.

3 × 9 =
5 × 2 =
6 × 6 =
2 × 3 =
7 × 9 =
4 × 10 =
9 × 2 =
3 × 3 =
2 × 8 =
4 × 8 =

4 × 6 =
9 × 6 =
7 × 4 =
5 × 9 =
3 × 7 =
8 × 7 =
4 × 4 =
2 × 7 =
6 × 7 =
5 × 6 =

2 × 5 =
8 × 8 =
5 × 4 =
7 × 10 =
3 × 2 =
9 × 4 =
4 × 7 =
9 × 9 =
7 × 1 =
8 × 9 =

4 × 9 =
3 × 1 =
8 × 6 =
9 × 10 =
8 × 10 =
2 × 6 =
6 × 3 =
9 × 1 =
5 × 7 =
7 × 7 =

배움 39 — 5분 곱셈 올림픽 (준결승)

반드시 위에서 아래로 순서대로 풀어보세요.

2 × 2 =	3 × 2 =
8 × 3 =	9 × 2 =
6 × 4 =	5 × 10 =
4 × 5 =	2 × 3 =
9 × 5 =	6 × 2 =
3 × 5 =	7 × 9 =
6 × 10 =	3 × 7 =
5 × 2 =	8 × 8 =
2 × 1 =	4 × 9 =
7 × 1 =	7 × 10 =
5 × 1 =	3 × 6 =
9 × 10 =	4 × 4 =
2 × 6 =	6 × 8 =
6 × 1 =	8 × 7 =
8 × 6 =	2 × 7 =
3 × 1 =	9 × 3 =
7 × 3 =	5 × 7 =
4 × 2 =	7 × 4 =
9 × 1 =	9 × 4 =
6 × 3 =	7 × 5 =

 금메달	은메달	동메달
77~80개	72~76개	64~71개

맞은 개수

개/80개

메달 스티커를 붙여주세요.

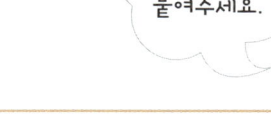

6 × 9 =
4 × 3 =
8 × 1 =
2 × 4 =
7 × 8 =
4 × 6 =
3 × 4 =
5 × 3 =
8 × 9 =
3 × 8 =

6 × 6 =
2 × 10 =
8 × 4 =
7 × 7 =
5 × 4 =
4 × 1 =
9 × 7 =
3 × 10 =
9 × 9 =
5 × 6 =

4 × 7 =
9 × 6 =
2 × 8 =
6 × 7 =
7 × 2 =
5 × 5 =
8 × 5 =
3 × 3 =
8 × 10 =
4 × 8 =

2 × 5 =
7 × 6 =
3 × 9 =
8 × 2 =
5 × 8 =
2 × 9 =
6 × 5 =
9 × 8 =
4 × 10 =
5 × 9 =

배움 40 — 5분 곱셈 올림픽 (결승)

반드시 위에서 아래로 순서대로 풀어보세요.

2 × 9 =	7 × 7 =
8 × 9 =	9 × 1 =
5 × 1 =	3 × 10 =
3 × 4 =	4 × 7 =
5 × 10 =	3 × 8 =
7 × 2 =	5 × 6 =
6 × 2 =	2 × 1 =
9 × 2 =	6 × 5 =
4 × 1 =	8 × 3 =
2 × 4 =	4 × 2 =

9 × 4 =	8 × 4 =
5 × 3 =	6 × 4 =
8 × 8 =	4 × 3 =
6 × 1 =	5 × 7 =
7 × 3 =	3 × 2 =
3 × 3 =	7 × 6 =
2 × 3 =	2 × 10 =
6 × 6 =	9 × 8 =
4 × 6 =	7 × 9 =
9 × 3 =	9 × 1 =

 금메달	은메달	동메달	맞은 개수
77~80개	72~76개	64~71개	개/80개

메달 스티커를 붙여주세요.

6 × 10 =	5 × 2 =
4 × 10 =	2 × 8 =
6 × 3 =	8 × 6 =
3 × 6 =	4 × 9 =
5 × 8 =	6 × 9 =
8 × 10 =	3 × 5 =
2 × 7 =	5 × 5 =
7 × 1 =	7 × 5 =
4 × 8 =	9 × 9 =
3 × 9 =	2 × 5 =

5 × 9 =	4 × 5 =
3 × 1 =	7 × 10 =
8 × 2 =	3 × 7 =
2 × 6 =	6 × 8 =
6 × 7 =	8 × 7 =
7 × 8 =	2 × 2 =
9 × 7 =	8 × 1 =
4 × 4 =	9 × 5 =
7 × 4 =	5 × 4 =
8 × 5 =	9 × 6 =

부록 곱셈 카드 게임 1   준비물 : 수감각 곱셈카드(템북)

카드 보고 곱셈식 말하기

난이도 : ★

가 **영 역** : 곱셈 개념, 곱셈구구

나 **종류 및 특징** : 2명이 함께하는 활동입니다.
이 활동은 넓이 모델을 보고 곱셈식을 말하며 곱셈 감각을 익히는 활동입니다.

다 **게임 방법**

①단계

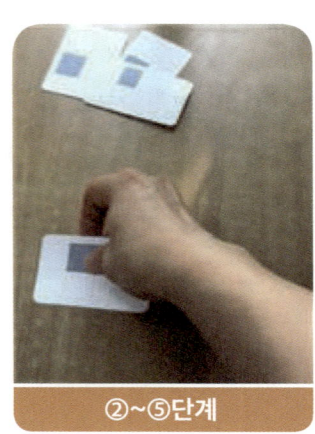
②~⑤단계

⑤~⑥단계

① 한명은 진행자, 한명은 맞히는 사람 역할이다.
② 2단~9단 중 카드를 한 개 골라 잘 섞는다.
③ 진행자는 곱셈 카드 1장을 넓이 부분이 보이게 내려놓는다.
④ 맞히는 사람은 곱셈식 "□ × □=□"을 말한다.
⑤ 카드를 뒤집어 정답을 확인한다.
⑥ 정답을 맞히면 제시된 카드를 가져가고, 맞추지 못하면 카드를 가운데에 모아둔다.
⑦ 역할을 바꿔 진행한다.

준비물 : 수감각 곱셈카드(템북) | 부록 곱셈 카드 게임 2

곱하기 5와 곱하기 몇

난이도 : ★★

가 영 역 : 곱셈 개념, 곱셈구구

나 종류 및 특징 : 2명이 함께하는 활동입니다.
이 활동은 넓이 모델을 보고 곱셈식을 말하며 곱셈 감각을 익히는 활동입니다.
카드게임 1과 차이점은 x5를 기준으로 곱셈식을 말하는 것입니다.

다 게임 방법

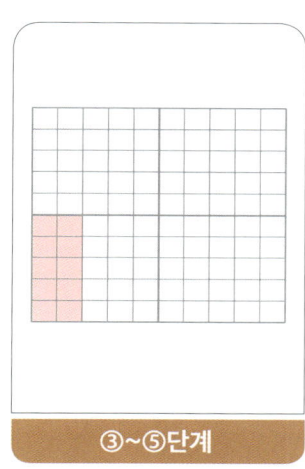
③~⑤단계

⑥단계

① 한명은 진행자, 한명은 맞히는 사람 역할이다.

② 2단~9단 중 카드를 한 개 고르고 x6, x7, x8, x9 4장의 카드만 사용한다.

③ 진행자는 곱셈 카드 1장을 넓이 부분이 보이게 내려놓는다.

④ 맞히는 사람은 x5를 기준으로 곱셈식을 말한다.
   예) 2x6 카드일 때 : "2x5 와 2x1 2x6 은 12입니다"

⑤ 카드를 뒤집어 정답을 확인한다.

⑥ 정답을 맞히면 제시된 카드를 가져가고, 맞추지 못하면 카드를 가운데에 모아둔다.

⑦ 역할을 바꿔 진행한다.

부록 곱셈 카드 게임 3 준비물 : 수감각 곱셈카드(템북)

카드를 돌리고 곱셈식 말하기

난이도 : ★★★

가 영 역 : 곱셈 개념, 곱셈구구

나 종류 및 특징 : 2명이 함께하는 활동입니다.
곱셈식 두 수의 순서가 바뀌어도 결과값이 같다는 곱셈의 교환법칙을 익히는 활동입니다.

다 게임 방법

①단계   ②단계

① 한명은 진행자, 한명은 맞히는 사람 역할이다.

② 2단~9단 중 카드를 한 개 고른다.

③ 진행자는 곱셈 카드 1장을 넓이 부분이 보이게 내려놓으며 곱셈식을 말한다.
　예) (4x2 카드를 내면서) " 4 곱하기 2는 8"

④ 맞히는 사람은 진행자가 낸 카드를 90도 돌려놓고 곱셈식을 말한다.
　예) (4x2 카드를 90도 돌리며) " 2 곱하기 4는 8"

⑤ 정답을 맞히면 제시된 카드를 가져가고, 맞추지 못하면 카드를 가운데에 모아둔다.

⑥ 역할을 바꿔 진행한다.

준비물 : 수감각 곱셈카드(템북) | **부록 곱셈 카드 게임 4**

곱셈 구구 달리기

난이도 : ★★

가 영 역 : 곱셈구구

나 종류 및 특징 : 4명이 함께하는 활동입니다.
곱셈 카드를 순서대로 정렬하고 곱셈식을 말하면서 곱셈 유창성을 기를 수 있는 활동입니다.

다 게임 방법

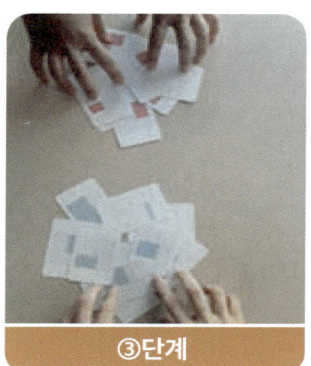
③단계

④단계

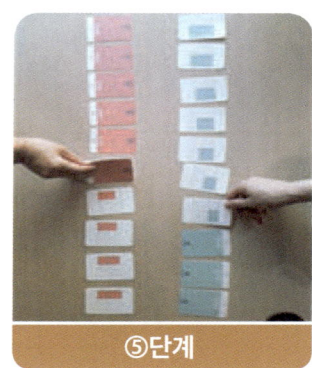
⑤단계

① 2명씩 팀을 이루고, 각 팀에서 플레이어 1명과 감독관 1명을 정한다.
② 각 팀의 플레이어는 곱셈카드 한 단씩을 고른다.
③ 플레이어들은 곱셈 카드 10장을 그림이 잘 보이도록 펼치고 잘 섞는다.
④ 감독관들이 "시작!" 이라고 외치면, 플레이어들은 그림이 보이도록 곱셈 카드를 곱셈식의 순서대로 차례대로 배열한다.
⑤ 그 후, 식이 보이도록 차례대로 뒤집으며 곱셈식을 빠르게 말한다.
  예) (카드를 식이 보이게 뒤집으며) "6×1=6, 6×2=12, 6×3=18 … 6×10 = 60"
⑥ 이 때, 감독관은 상대 팀이 정확하게 외치고 있는지 확인한다.
⑦ 상대팀보다 빨리 끝낸 팀이 승리한다.
⑧ 플레이어와 감독관의 역할을 바꿔 같은 방법으로 게임을 한다.
⑨ 단, 게임을 이어서 할 경우 선택한 곱셈 단은 선택할 수 없다.

※ 응용 : 전체 반 아이들과 함께 곱셈구구 달리기를 하며 곱셈 왕도 뽑아보세요
곱셈구구 달리기를 가장 빨리 마친 친구는 손을 머리 위로 올려 주세요.

정답

12쪽 2

4	18
6	20
8	12
10	14
12	16
14	18
16	20

13쪽 3

2 × 2 = 4   2 × 3 = 6
2 × 4 = 8   2 × 5 = 10

14쪽 4

2 × 7 = 14   2 × 8 = 16
2 × 9 = 18   2 × 10 = 20

15쪽 5

4	2 × 2	=	4	
6	2 × 3	=	6	
8	2 × 4	=	8	
10	2 × 5	=	10	
12	2 × 6	=	12	
14	2 × 7	=	14	
16	2 × 8	=	16	
18	2 × 9	=	18	
20	2 × 10	=	20	

2단 곱셈은 (2)씩 커지고 있어요

16쪽 6

2 × 5 = 10   2 × 4 = 8
2 × 7 = 14   2 × 9 = 18

17쪽 7

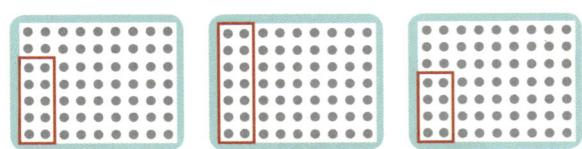

18쪽 8

1	②	3	④	5	⑥	7	⑧	9	⑩
11	⑫	13	⑭	15	⑯	17	⑱	19	⑳

2	4	6
8	10	12
14	16	18
20		

18쪽 9

2 × 1 — 8
2 × 2 — 6
2 × 3 — 14
2 × 4 — 4
2 × 5 — 16
2 × 6 — 18
2 × 7 — 12
2 × 8 — 2
2 × 9 — 20
2 × 10 — 10

19쪽 10

10	20
9	18
8	16
7	14
6	12
5	10
4	8
3	6
2	4

20쪽 2

6	27
9	30
12	18
15	21
18	24
21	27
24	30

21쪽 3

3 × 2 = 6   3 × 3 = 9
3 × 4 = 12   3 × 5 = 15

22쪽 4

3 × 7 = 21   3 × 8 = 24
3 × 9 = 27   3 × 10 = 30

23쪽 5

6	3 × 2 = 6
9	3 × 3 = 9
12	3 × 4 = 12
15	3 × 5 = 15
18	3 × 6 = 18
21	3 × 7 = 21
24	3 × 8 = 24
27	3 × 9 = 27
30	3 × 10 = 30

3단 곱셈은 (3)씩 커지고 있어요

24쪽 6

3 × 1 = 3   3 × 4 = 12
3 × 7 = 21   3 × 5 = 15

25쪽 7

26쪽 8

1 2 ③ 4 5 ⑥ 7 8 ⑨ 10 11 ⑫ 13 14 ⑮
16 17 ⑱ 19 20 ㉑ 22 23 ㉔ 25 26 ㉗ 28 29 ㉚

3	6	9
12	15	18
21	24	27
30		

26쪽 9

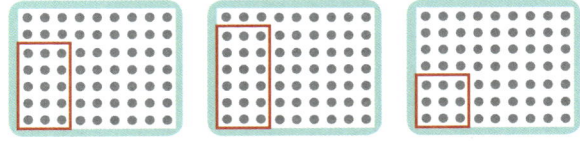

27쪽 10

10	30
9	27
8	24
7	21
6	18
5	15
4	12
3	9
2	6
	3

정답

28쪽 2

4	6
8	12
12	18
16	24
20	30

29쪽 3

2	3
6	9
10	15
14	21
18	27

29쪽 4

12	18
14	21
16	24
18	27

30쪽 5

2 × 1 = 2   3 × 1 = 3
2 × 2 = 4   3 × 2 = 6
2 × 3 = 6   3 × 3 = 9
2 × 4 = 8   3 × 4 = 12
2 × 5 = 10 3 × 5 = 15
2 × 6 = 12 3 × 6 = 18
2 × 7 = 14 3 × 7 = 21
2 × 8 = 16 3 × 8 = 24
2 × 9 = 18 3 × 9 = 27
2 × 10 = 20 3 × 10 = 30

31쪽 2

8	36
12	40
16	24
20	28
24	32
28	36
32	40

32쪽 3

4 × 2 = 8   4 × 3 = 12
4 × 4 = 16   4 × 5 = 20

33쪽 4

4 × 7 = 28   4 × 8 = 32
4 × 9 = 36   4 × 10 = 40

34쪽 5

8	4 × 2 = 8
12	4 × 3 = 12
16	4 × 4 = 16
20	4 × 5 = 20
24	4 × 6 = 24
28	4 × 7 = 28
32	4 × 8 = 32
36	4 × 9 = 36
40	4 × 10 = 40

4단 곱셈은 (4)씩 커지고 있어요

35쪽 6

4 × 2 = 8   4 × 5 = 20
4 × 1 = 4   4 × 4 = 16

36쪽 7

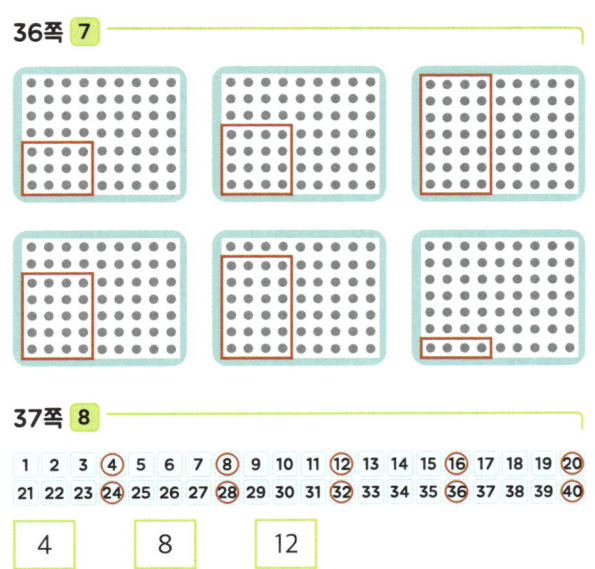

37쪽 8

1 2 3 ④ 5 6 7 ⑧ 9 10 11 ⑫ 13 14 15 ⑯ 17 18 19 ⑳
21 22 23 ㉔ 25 26 27 ㉘ 29 30 31 ㉜ 33 34 35 ㊱ 37 38 39 ㊵

4	8	12
16	20	24
28	32	36
40		

37쪽 9

4 × 1 — 12
4 × 2 — 16
4 × 3 — 8
4 × 4 — 20
4 × 5 — 40
4 × 6 — 36
4 × 7 — 4
4 × 8 — 24
4 × 9 — 32
4 × 10 — 28

38쪽 10

10	40
9	36
8	32
7	28
6	24
5	20
4	16
3	12
2	8
1	4

39쪽 2

10	45
15	50
20	30
25	35
30	40
35	45
40	50

40쪽 3

5 × 2 = 10   5 × 3 = 15
5 × 4 = 20   5 × 5 = 25

41쪽 4

5 × 7 = 35   5 × 8 = 40
5 × 9 = 45   5 × 10 = 50

42쪽 5

10	5 × 2 = 10
15	5 × 3 = 15
20	5 × 4 = 20
25	5 × 5 = 25
30	5 × 6 = 30
35	5 × 7 = 35
40	5 × 8 = 40
45	5 × 9 = 45
50	5 × 10 = 50

5단 곱셈은 (5)씩 커지고 있어요

정답

43쪽 6
5 × 3 = 15   5 × 6 = 30
5 × 1 = 5   5 × 7 = 35

44쪽 7
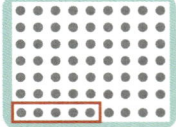 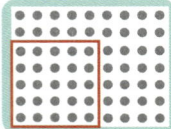 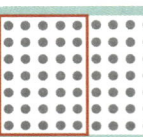
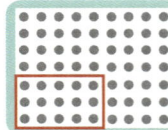 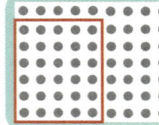 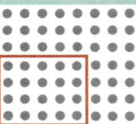

45쪽 8
1 2 3 4 ⑤ 6 7 8 9 ⑩ 11 12 13 14 ⑮ 16 17 18 19 ⑳
21 22 23 24 ㉕ 26 27 28 29 ㉚ 31 32 33 34 ㉟ 36 37 38 39 ㊵
41 42 43 44 ㊺ 46 47 48 49 ㊿

5	10	15
20	25	30
35	40	45
50		

45쪽 9
5 × 1 — 15 (actually connects to 5)
5 × 2 — 20 (connects per lines)

46쪽 10
10 — 50
9 — 45
8 — 40
7 — 35
6 — 30
5 — 25
4 — 20
3 — 15
2 — 10
(1) — 5

47쪽 2
8, 16, 24, 32, 40

47쪽 (continued)
10, 20, 30, 40, 50

48쪽 3
4, 12, 20, 28, 36
5, 15, 25, 35, 45

48쪽 4
20, 24, 28, 32, 36
25, 30, 35, 40, 45

49쪽 5
4 × 1 = 4   5 × 1 = 5
4 × 2 = 8   5 × 2 = 10
4 × 3 = 12   5 × 3 = 15
4 × 4 = 16   5 × 4 = 20
4 × 5 = 20   5 × 5 = 25
4 × 6 = 24   5 × 6 = 30
4 × 7 = 28   5 × 7 = 35
4 × 8 = 32   5 × 8 = 40
4 × 9 = 36   5 × 9 = 45
4 × 10 = 40   5 × 10 = 50

50쪽 내 실력 어디까지 왔을까?

2단	3단	4단	5단
2	3	4	5
4	6	8	10
6	9	12	15
8	12	16	20
10	15	20	25
12	18	24	30
14	21	28	35
16	24	32	40
18	27	36	45
20	30	40	50

51쪽 2

4	18
6	20
8	12
10	14
12	16
14	18
16	20

52쪽 3

2 × 2 = 4   2 × 3 = 6
2 × 5 = 10   2 × 5 = 10
2 × 4 = 8   2 × 5 = 10
2 × 5 = 10   2 × 5 = 10

53쪽 4

2 × 9 — 2 × 5, 2 × 4, 2 × 2
2 × 6 — 2 × 5, 2 × 1, 2 × 4
2 × 8 — 2 × 3, 2 × 4, 2 × 5
2 × 10 — 2 × 5, 2 × 3, 2 × 5

54쪽 5

2 × 7 = 14   2 × 8 = 16
2 × 9 = 18   2 × 10 = 20

55쪽 6

2 × 3   2 × 2
2 × 5   2 × 4

55쪽 7

2	6
10	10
12	16

4	8
10	10
14	18

56쪽 8

2	4	6	8	10	12	14	16	18	20
2	6	10	14	18	4	8	12	16	20
4	10	2	6	8	16	12	18	14	20
6	12	14	18	2	16	4	20	8	10

교실을 위한 곱셈구구

정답

57쪽 2

6	27
9	30
12	18
15	21
18	24
21	27
24	30

58쪽 3

3 × 2 = 6   3 × 3 = 9
3 × 5 = 15 3 × 5 = 15
3 × 4 = 12 3 × 5 = 15
3 × 5 = 15 3 × 5 = 15

59쪽 4

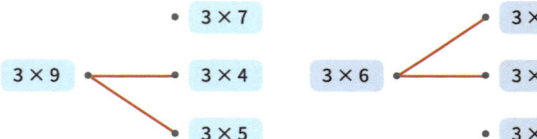

60쪽 5

3 × 7 = 21   3 × 8 = 24
3 × 9 = 27   3 × 10 = 30

61쪽 6

3 × 3   3 × 2
3 × 5   3 × 4

61쪽 7

3	9
15	15
18	24
6	12
15	15
21	27

62쪽 8

3	6	9	12	15	18	21	24	27	30
3	9	15	21	27	6	12	18	24	30
6	15	3	9	12	24	18	27	21	30
9	18	21	27	3	24	6	30	12	15

63쪽 2

8	36
12	40
16	24
20	28
24	32
28	36
32	40

64쪽 3

4 × 2 = 8	4 × 3 = 12
4 × 5 = 20	4 × 5 = 20
4 × 4 = 16	4 × 5 = 20
4 × 5 = 20	4 × 5 = 20

65쪽 4

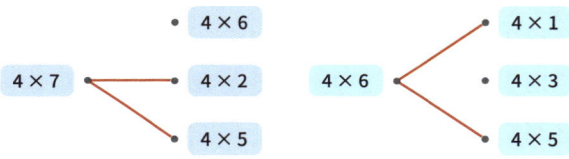

66쪽 5

| 4 × 7 = 28 | 4 × 8 = 32 |
| 4 × 9 = 36 | 4 × 10 = 40 |

67쪽 6

| 4 × 2 | 4 × 3 |
| 4 × 5 | 4 × 4 |

67쪽 7

4	12
20	20
24	32

8	16
20	20
28	36

68쪽 8

4	8	12	16	20	24	28	32	36	40
4	12	20	28	36	8	16	24	32	40
8	20	4	12	16	32	24	36	28	40
12	24	28	36	4	32	8	40	16	20

69쪽 2

10	45
15	50
20	30
25	35
30	40
35	45
40	50

70쪽 3

5 × 2 = 10	5 × 3 = 15
5 × 5 = 25	5 × 5 = 25
5 × 4 = 20	5 × 5 = 25
5 × 5 = 25	5 × 5 = 25

71쪽 4

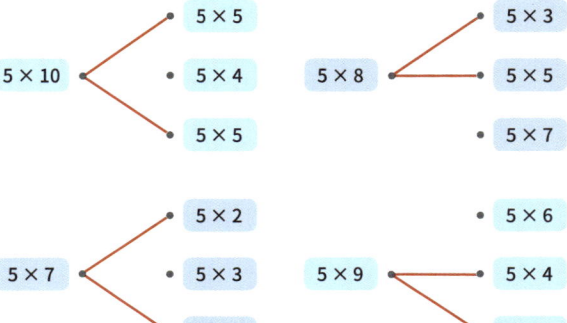

정답

72쪽 5

5 × 7 = 35   5 × 8 = 40
5 × 9 = 45   5 × 10 = 50

73쪽 6

5 × 2   5 × 3
5 × 5   5 × 4

73쪽 7

5	15
25	25
30	40

10	20
25	25
35	45

74쪽 8

5	10	15	20	25	30	35	40	45	50
5	15	25	35	45	10	20	30	40	50
10	25	5	15	20	40	30	45	35	50
15	30	35	45	5	40	10	50	20	25

75쪽 내 실력 어디까지 왔을까?

2단	3단	4단	5단
2	3	4	5
4	6	8	10
6	9	12	15
8	12	16	20
10	15	20	25
12	18	24	30
14	21	28	35
16	24	32	40
18	27	36	45
20	30	40	50

76쪽 2

12	54
18	60
24	36
30	42
36	48
42	54
48	60

77쪽 3

6 × 2 = 12   6 × 3 = 18
6 × 4 = 24   6 × 5 = 30

78쪽 4

6 × 7 = 42   6 × 8 = 48
6 × 9 = 54   6 × 10 = 60

79쪽 5

12	6 × 2	=	12	
18	6 × 3	=	18	
24	6 × 4	=	24	
30	6 × 5	=	30	
36	6 × 6	=	36	
42	6 × 7	=	42	
48	6 × 8	=	48	
54	6 × 9	=	54	
60	6 × 10	=	60	

6단 곱셈은 (6)씩 커지고 있어요

80쪽 6

6 × 5 = 30   6 × 3 = 18
6 × 7 = 42   6 × 6 = 36

81쪽 7

82쪽 8

1 2 3 4 5 ⑥ 7 8 9 10 11 ⑫ 13 14 15 16 17 ⑱ 19 20
21 22 23 ㉔ 25 26 27 28 29 ㉚ 31 32 33 34 35 ㊱ 37 38 39 40
41 ㊷ 43 44 45 46 47 ㊸ 49 50 51 52 53 ㊾ 55 56 57 58 59 ㊿

6	12	18
24	30	36
42	48	54
60		

82쪽 9

6 × 1 — 30
6 × 2 — 36
6 × 3 — 24
6 × 4 — 42
6 × 5 — 18
6 × 6 — 48
6 × 7 — 12
6 × 8 — 54
6 × 9 — 60
6 × 10 — 6

83쪽 10

10	60
9	54
8	48
7	42
6	36
5	30
4	24
3	18
2	12
	6

84쪽 2

14	63
21	70
28	42
35	49
42	56
49	63
56	70

85쪽 3

7 × 2 = 14   7 × 3 = 21
7 × 4 = 28   7 × 5 = 35

86쪽 4

7 × 7 = 49   7 × 8 = 56
7 × 9 = 63   7 × 10 = 70

정답

87쪽 5

14	7 × 2 = 14
21	7 × 3 = 21
28	7 × 4 = 28
35	7 × 5 = 35
42	7 × 6 = 42
49	7 × 7 = 49
56	7 × 8 = 56
63	7 × 9 = 63
70	7 × 10 = 70

7단 곱셈은 (7)씩 커지고 있어요

88쪽 6

7 × 2 = 14   7 × 5 = 35
7 × 8 = 56   7 × 7 = 49

89쪽 7

90쪽 8

1	2	3	4	5	6	⑦	8	9	10	11	12	13	⑭	15	16	17	18	19	20
㉑	22	23	24	25	26	27	㉘	29	30	31	32	33	34	㉟	36	37	38	39	40
41	㊷	43	44	45	46	47	48	㊾	50	51	52	53	54	55	㊶	57	58	59	60
61	62	㊳	64	65	66	67	68	69	㊸										

7	14	21
28	35	42
49	56	63
70		

90쪽 9 / **91쪽 10**

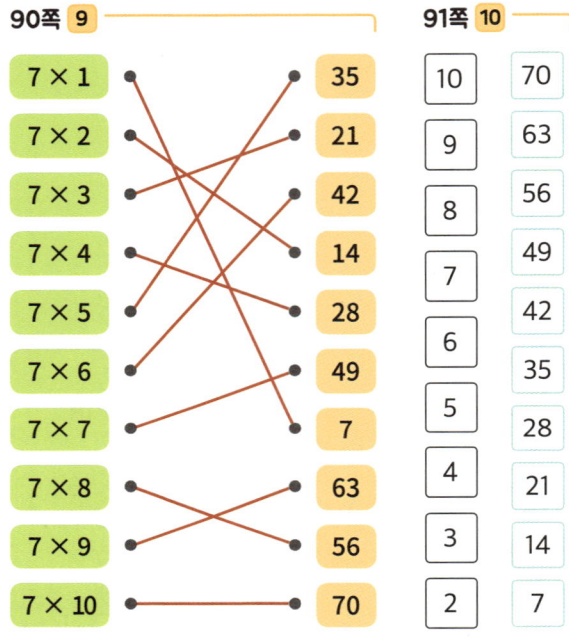

92쪽 2

12	14
24	28
36	42
48	56
60	70

93쪽 3

6	7
18	21
30	35
42	49
54	63

93쪽 4

36	42
42	49
48	56
54	63

94쪽 5

6 × 1 = 6	7 × 1 = 7
6 × 2 = 12	7 × 2 = 14
6 × 3 = 18	7 × 3 = 21
6 × 4 = 24	7 × 4 = 28
6 × 5 = 30	7 × 5 = 35
6 × 6 = 36	7 × 6 = 42
6 × 7 = 42	7 × 7 = 49
6 × 8 = 48	7 × 8 = 56
6 × 9 = 54	7 × 9 = 63
6 × 10 = 60	7 × 10 = 70

95쪽 2

16	72
24	80
32	48
40	56
48	64
56	72
64	80

96쪽 3

| 8 × 2 = 16 | 8 × 3 = 24 |
| 8 × 4 = 32 | 8 × 5 = 40 |

97쪽 4

| 8 × 7 = 56 | 8 × 8 = 64 |
| 8 × 9 = 72 | 8 × 10 = 80 |

98쪽 5

16	8 × 2 = 16
24	8 × 3 = 24
32	8 × 4 = 32
40	8 × 5 = 40
48	8 × 6 = 48
56	8 × 7 = 56
64	8 × 8 = 64
72	8 × 9 = 72
80	8 × 10 = 80

8단 곱셈은 (8) 씩 커지고 있어요

99쪽 6

| 8 × 5 = 40 | 8 × 2 = 16 |
| 8 × 6 = 48 | 8 × 1 = 8 |

100쪽 7

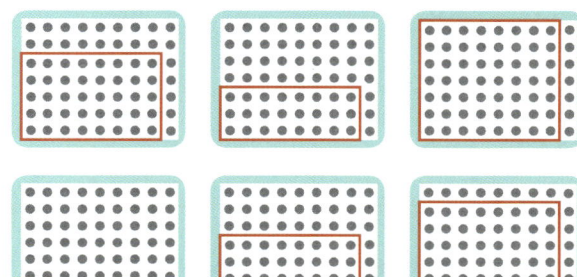

정답

101쪽 8

1	2	3	4	5	6	7	⑧	9	10	11	12	13	14	15	⑯	17	18	19	20
21	22	23	㉔	25	26	27	28	29	30	31	㉜	33	34	35	36	37	38	39	㊵
41	42	43	44	45	46	47	㊽	49	50	51	52	53	54	55	㊶	57	58	59	60
61	62	63	㊽	65	66	67	68	69	70	71	㊷	73	74	75	76	77	78	79	㊿

8	16	24
32	40	48
56	64	72
80		

101쪽 9

8 × 1 — 8
8 × 2 — 16
8 × 3 — 24
8 × 4 — 32
8 × 5 — 40
8 × 6 — 48
8 × 7 — 56
8 × 8 — 64
8 × 9 — 72
8 × 10 — 80

102쪽 10

10	80
9	72
8	64
7	56
6	48
5	40
4	32
3	24
2	16
	8

103쪽 2

18	81
27	90
36	54
45	63
54	72
63	81
72	90

104쪽 3

9 × 2 = 18   9 × 3 = 27
9 × 4 = 36   9 × 5 = 45

105쪽 4

9 × 7 = 63   9 × 8 = 72
9 × 9 = 81   9 × 10 = 90

106쪽 5

18	9 × 2 = 18
27	9 × 3 = 27
36	9 × 4 = 36
45	9 × 5 = 45
54	9 × 6 = 54
63	9 × 7 = 63
72	9 × 8 = 72
81	9 × 9 = 81
90	9 × 10 = 90

9단 곱셈은 (9)씩 커지고 있어요

107쪽 6

9 × 5 = 45   9 × 7 = 63
9 × 3 = 27   9 × 6 = 54

108쪽 7

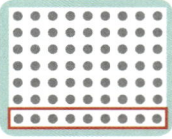

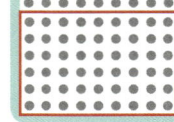
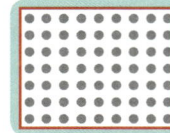
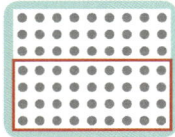

109쪽 8

1	2	3	4	5	6	7	8	⑨	10	11	12	13	14	15	16	17	⑱	19	20
21	22	23	24	25	26	㉗	28	29	30	31	32	33	34	35	㊱	37	38	39	40
41	42	43	44	㊺	46	47	48	49	50	51	52	53	�54	55	56	57	58	59	60
61	62	㊳	64	65	66	67	68	69	70	71	㊲	73	74	75	76	77	78	79	80
㊶	82	83	84	85	86	87	88	89	㉚										

9	18	27
36	45	54
63	72	81
90		

109쪽 9

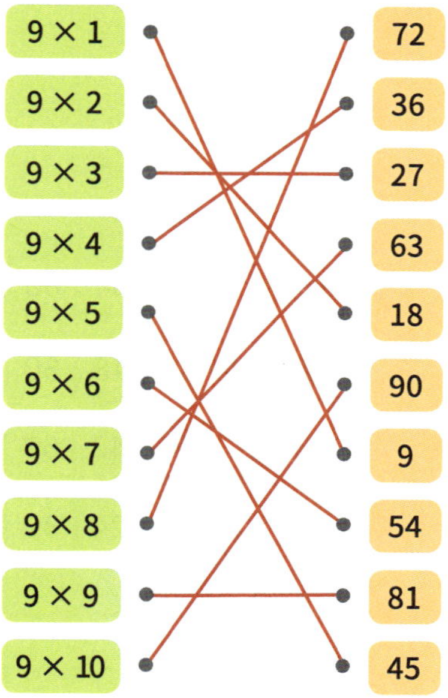

- 9 × 1 = 9
- 9 × 2 = 18
- 9 × 3 = 27
- 9 × 4 = 36
- 9 × 5 = 45
- 9 × 6 = 54
- 9 × 7 = 63
- 9 × 8 = 72
- 9 × 9 = 81
- 9 × 10 = 90

110쪽 10

10	90
9	81
8	72
7	63
6	54
5	45
4	36
3	27
2	18
1	9

113쪽 5

8 × 1 = 8	9 × 1 = 9
8 × 2 = 16	9 × 2 = 18
8 × 3 = 24	9 × 3 = 27
8 × 4 = 32	9 × 4 = 36
8 × 5 = 40	9 × 5 = 45
8 × 6 = 48	9 × 6 = 54
8 × 7 = 56	9 × 7 = 63
8 × 8 = 64	9 × 8 = 72
8 × 9 = 72	9 × 9 = 81
8 × 10 = 80	9 × 10 = 90

114쪽 내 실력 어디까지 왔을까?

6단	7단	8단	9단
6	7	8	9
12	14	16	18
18	21	24	27
24	28	32	36
30	35	40	45
36	42	48	54
42	49	56	63
48	56	64	72
54	63	72	81
60	70	80	90

111쪽 2

16	18
32	36
48	54
64	72
80	90

112쪽 3

8	9
24	27
40	45
56	63
72	81

112쪽 4

40	45
48	54
56	63
64	72
72	81

정답

115쪽 2

12	54
18	60
24	36
30	42
36	48
42	54
48	60

116쪽 3

6 × 2 = 12   6 × 3 = 18
6 × 5 = 30   6 × 5 = 30
6 × 4 = 24   6 × 5 = 30
6 × 5 = 30   6 × 5 = 30

117쪽 4

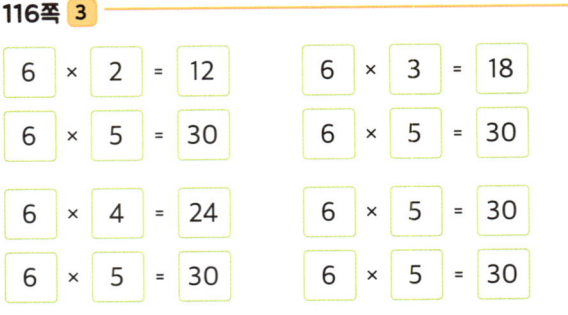

118쪽 5

6 × 7 = 42   6 × 8 = 48
6 × 9 = 54   6 × 10 = 60

119쪽 6

6 × 2   6 × 3
6 × 5   6 × 4

119쪽 7

6	18
30	30
36	48

12	24
30	30
42	54

120쪽 8

6	12	18	24	30	36	42	48	54	60
6	18	30	42	54	12	24	36	48	60
12	30	6	18	24	48	36	54	42	60
18	36	42	54	6	48	12	60	24	30

121쪽 2

14	63
21	70
28	42
35	49
42	56
49	63
56	70

122쪽 3

7 × 2 = 14   7 × 3 = 21
7 × 5 = 35   7 × 5 = 35
7 × 4 = 28   7 × 5 = 35
7 × 5 = 35   7 × 5 = 35

123쪽 4

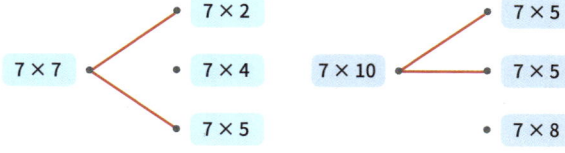
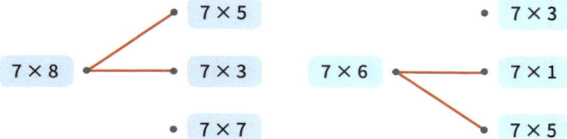

124쪽 5

7 × 7 = 49   7 × 8 = 56
7 × 9 = 63   7 × 10 = 70

125쪽 6

7 × 2   7 × 3
7 × 5   7 × 4

125쪽 7

7	21
35	35
42	56

14	28
35	35
49	63

126쪽 8

7	14	21	28	35	42	49	56	63	70
7	21	35	49	63	14	28	42	56	70
14	35	7	21	28	56	42	63	49	70
21	42	49	63	7	56	14	70	28	35

127쪽 2

16	72
24	80
32	48
40	56
48	64
56	72
64	80

128쪽 3

8 × 2 = 16   8 × 3 = 24
8 × 5 = 40   8 × 5 = 40
8 × 4 = 32   8 × 5 = 40
8 × 5 = 40   8 × 5 = 40

129쪽 4

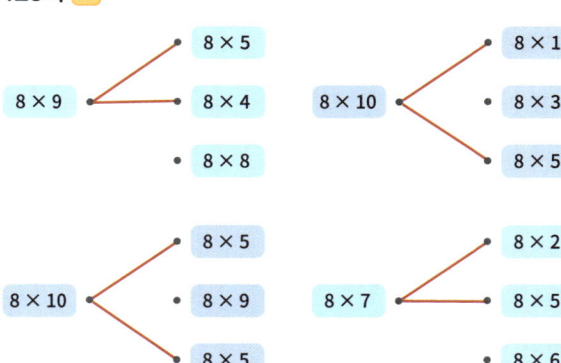

정답

130쪽 5

| 8 | × | 7 | = | **56** | | 8 | × | 8 | = | **64** |
| 8 | × | 9 | = | **72** | | 8 | × | 10 | = | **80** |

131쪽 6

8 × 2   8 × 3

8 × 5   8 × 4

131쪽 7

8	24
40	40
48	64

16	32
40	40
56	72

132쪽 8

8	16	24	32	40	48	56	64	72	80
8	24	40	56	72	16	32	48	64	80
16	40	8	24	32	64	48	72	56	80
24	48	56	72	8	64	16	80	32	40

133쪽 2

18	81
27	90
36	54
45	63
54	72
63	81
72	90

134쪽 3

9	×	2	=	18		9	×	3	=	27
9	×	5	=	45		9	×	5	=	45
9	×	4	=	36		9	×	5	=	45
9	×	5	=	45		9	×	5	=	45

135쪽 4

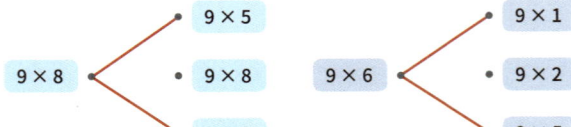

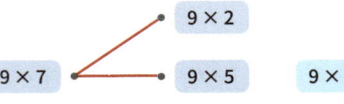

136쪽 5

| 9 | × | 7 | = | **63** | | 9 | × | 8 | = | **72** |
| 9 | × | 9 | = | **81** | | 9 | × | 10 | = | **90** |

137쪽 6

9 × 2   9 × 3

9 × 5   9 × 4

137쪽 7

9	27
45	45
54	72

18	36
45	45
63	81

138쪽 8

9	18	27	36	45	54	63	72	81	90
9	27	45	63	81	18	36	54	72	90
18	45	9	27	36	72	54	81	63	90
27	54	63	81	9	72	18	90	36	45

139쪽 내 실력 어디까지 왔을까?

6단	7단	8단	9단
6	7	8	9
12	14	16	18
18	21	24	27
24	28	32	36
30	35	40	45
36	42	48	54
42	49	56	63
48	56	64	72
54	63	72	81
60	70	80	90

140쪽 2

12	54
18	60
24	36
30	42
36	48
42	54
48	60

141쪽 3

2 × 6 = 12 ── 6 × 3 = 18
3 × 6 = 18 ── 6 × 2 = 12
4 × 6 = 24 ── 6 × 4 = 24
5 × 6 = 30 ── 6 × 5 = 30

142쪽 4

2 × 6 = 12 , 6 × 3 = 18
3 × 6 = 18 , 6 × 2 = 12
4 × 6 = 24 , 6 × 5 = 30
5 × 6 = 30 , 6 × 4 = 24

143쪽 5

12	18
48	24
42	30

143쪽 6

18	42
18	42
24	48
24	48
30	54
30	54

144쪽 7

6	12	18	24	30	36	42	48	54	60
6	18	30	42	54	12	24	36	48	60
12	30	6	18	24	48	36	54	42	60
18	36	42	54	6	48	12	60	24	30

정답

145쪽 2

14	63
21	70
28	42
35	49
42	56
49	63
56	70

146쪽 3

$2 \times 7 = 14$　　$7 \times 3 = 21$
$3 \times 7 = 21$　　$7 \times 5 = 35$
$4 \times 7 = 28$　　$7 \times 4 = 28$
$5 \times 7 = 35$　　$7 \times 2 = 14$

147쪽 4

$2 \times 7 = 14$　　$7 \times 3 = 21$
$3 \times 7 = 21$　　$7 \times 5 = 35$
$4 \times 7 = 28$　　$7 \times 2 = 14$
$5 \times 7 = 35$　　$7 \times 4 = 28$

148쪽 5

14	21
56	28
42	35

148쪽 6

21	42
21	42
28	56
28	56
35	63
35	63

149쪽 7

7	14	21	28	35	42	49	56	63	70
7	21	35	49	63	14	28	42	56	70
14	35	7	21	28	56	42	63	49	70
21	42	49	63	7	56	14	70	28	35

150쪽 2

16	72
24	80
32	48
40	56
48	64
56	72
64	80

151쪽 3

$2 \times 8 = 16$　　$8 \times 5 = 40$
$3 \times 8 = 24$　　$8 \times 2 = 16$
$4 \times 8 = 32$　　$8 \times 3 = 24$
$5 \times 8 = 40$　　$8 \times 4 = 32$

152쪽 4

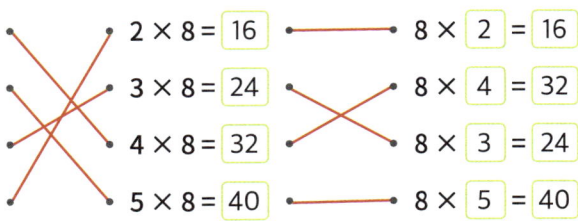

2 × 8 = 16   8 × 2 = 16
3 × 8 = 24   8 × 4 = 32
4 × 8 = 32   8 × 3 = 24
5 × 8 = 40   8 × 5 = 40

153쪽 5

16	24
56	32
48	40

153쪽 6

24	48
24	48

32	56
32	56

40	72
40	72

154쪽 7

8	16	24	32	40	48	56	64	72	80
8	24	40	56	72	16	32	48	64	80
16	40	8	24	32	64	48	72	56	80
24	48	56	72	8	64	16	80	32	40

155쪽 2

18	81
27	90
36	54
45	63
54	72
63	81
72	90

156쪽 3

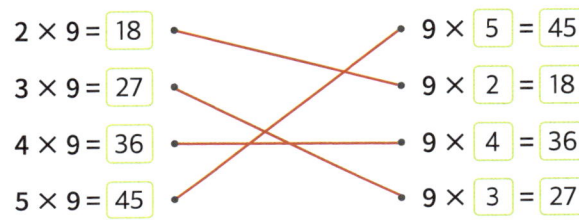

2 × 9 = 18   9 × 5 = 45
3 × 9 = 27   9 × 2 = 18
4 × 9 = 36   9 × 4 = 36
5 × 9 = 45   9 × 3 = 27

157쪽 4

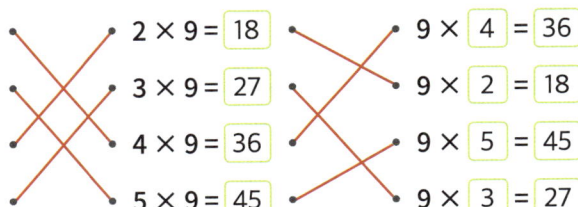

2 × 9 = 18   9 × 4 = 36
3 × 9 = 27   9 × 2 = 18
4 × 9 = 36   9 × 5 = 45
5 × 9 = 45   9 × 3 = 27

158쪽 5

18	27
63	36
54	45

정답

158쪽 6

27	54
27	54

36	63
36	63

45	72
45	72

159쪽 7

9	18	27	36	45	54	63	72	81	90
9	27	45	63	81	18	36	54	72	90
18	45	9	27	36	72	54	81	63	90
27	54	63	81	9	72	18	90	36	45

160쪽 내 실력 어디까지 왔을까?

6단	7단	8단	9단
6	7	8	9
12	14	16	18
18	21	24	27
24	28	32	36
30	35	40	45
36	42	48	54
42	49	56	63
48	56	64	72
54	63	72	81
60	70	80	90

162쪽 1

0	2	4	6	8	10	12	14	16	18	20

2단 곱셈은 (2)씩 커지고 있어요!

0	3	6	9	12	15	18	21	24	27	30

3단 곱셈은 (3)씩 커지고 있어요!

0	4	8	12	16	20	24	28	32	36	40

4단 곱셈은 (4)씩 커지고 있어요!

0	5	10	15	20	25	30	35	40	45	50

5단 곱셈은 (5)씩 커지고 있어요!

163쪽 1

0	6	12	18	24	30	36	42	48	54	60

6단 곱셈은 (6)씩 커지고 있어요!

0	7	14	21	28	35	42	49	56	63	70

7단 곱셈은 (7)씩 커지고 있어요!

0	8	16	24	32	40	48	56	64	72	80

8단 곱셈은 (8)씩 커지고 있어요!

0	9	18	27	36	45	54	63	72	81	90

9단 곱셈은 (9)씩 커지고 있어요!

164쪽 2

27 < 3 × 4 = 12
      3 × 5 = 15

18 < 3 × 1 = 3
      3 × 5 = 15

24 < 3 × 3 = 9
      3 × 5 = 15

21 < 3 × 2 = 6
      3 × 5 = 15

32 < 4 × 3 = 12
      4 × 5 = 20

36 < 4 × 4 = 16
      4 × 5 = 20

24 < 4 × 1 = 4
      4 × 5 = 20

28 < 4 × 2 = 8
      4 × 5 = 20

30 < 5 × 1 = 5
      5 × 5 = 25

35 < 5 × 2 = 10
      5 × 5 = 25

40 < 5 × 3 = 15
      5 × 5 = 25

45 < 5 × 4 = 20
      5 × 5 = 25

165쪽 2

54 < 6 × 4 = 24
      6 × 5 = 30

36 < 6 × 1 = 6
      6 × 5 = 30

48 < 6 × 3 = 18
      6 × 5 = 30

42 < 6 × 2 = 12
      6 × 5 = 30

56 < 7 × 3 = 21
      7 × 5 = 35

63 < 7 × 4 = 28
      7 × 5 = 35

42 < 7 × 1 = 7
      7 × 5 = 35

49 < 7 × 2 = 14
      7 × 5 = 35

56 < 8 × 2 = 16
      8 × 5 = 40

64 < 8 × 3 = 24
      8 × 5 = 40

48 < 8 × 1 = 8
      8 × 5 = 40

72 < 8 × 4 = 32
      8 × 5 = 40

54 < 9 × 1 = 9
      9 × 5 = 45

63 < 9 × 2 = 18
      9 × 5 = 45

72 < 9 × 3 = 27
      9 × 5 = 45

81 < 9 × 4 = 36
      9 × 5 = 45

166쪽 3

12　18
12　18

24　30
24　30

14　21
14　21

28　35
28　35

42　24
42　24

167쪽 3

16　24
16　24

32　40
32　40

48　56
48　56

18　27
18　27

36　45
36　45

54　63
54　63

72　56
72　56

정답

168~169쪽 곱셈의 고수 1

2	3	6	7
4	6	12	14
6	9	18	21
8	12	24	28
10	15	30	35
12	18	36	42
14	21	42	49
16	24	48	56
18	27	54	63
20	30	60	70

4	5	8	9
8	10	16	18
12	15	24	27
16	20	32	36
20	25	40	45
24	30	48	54
28	35	56	63
32	40	64	72
36	45	72	81
40	50	80	90

170~171쪽 곱셈의 고수 2

2	3	6	7
4	6	12	14
6	9	18	21
8	12	24	28
10	15	30	35
12	18	36	42
14	21	42	49
16	24	48	56
18	27	54	63
20	30	60	70

4	5	8	9
8	10	16	18
12	15	24	27
16	20	32	36
20	25	40	45
24	30	48	54
28	35	56	63
32	40	64	72
36	45	72	81
40	50	80	90

172~173쪽 곱셈의 고수 3

2	15	30	7
10	21	42	56
8	3	6	49
18	30	60	70
16	12	24	42
6	18	36	35
14	9	18	28
4	27	54	63
20	6	12	21
12	24	48	14

20	5	8	45
40	40	40	90
24	35	32	54
4	50	72	9
16	30	64	36
36	25	24	81
12	20	56	27
32	45	16	72
8	15	80	18
28	10	48	63

174~175쪽 곱셈 올림픽 연습경기

8	16	28	7
4	6	12	16
20	15	40	45
8	10	36	6
25	4	18	24
21	18	64	42
14	12	49	42
32	28	48	56
30	35	54	81
20	30	60	70

15	5	8	9
2	12	14	30
12	9	35	27
3	20	32	24
6	10	18	21
24	18	72	54
24	27	56	63
16	40	36	48
36	45	72	63
40	50	80	90

176~177쪽 곱셈의 고수 4

8	27	30	40
42	72	10	54
8	4	36	28
12	40	20	45
27	6	63	21
6	14	16	56
30	15	18	24
18	12	9	14
54	16	16	42
30	40	32	5
24	7	10	36
50	63	64	3
36	18	20	72
2	48	70	90
60	15	24	80
6	24	45	12
12	4	28	18
21	56	81	9
8	20	35	25
35	32	48	49

180~181쪽 곱셈의 고수 6

10	20	7	10
72	36	40	4
5	30	18	56
12	4	18	32
50	42	40	54
14	35	40	9
8	2	20	25
18	30	60	35
28	32	36	27
12	24	27	18
9	12	45	8
15	24	3	70
15	30	28	21
6	72	14	48
21	6	42	48
64	49	56	20
6	24	63	8
36	12	16	45
24	63	16	16
81	90	80	54

178~179쪽 곱셈의 고수 5

2	6	30	18
24	27	12	16
24	20	32	8
20	6	8	49
18	12	7	50
15	63	24	4
60	21	12	36
10	64	25	27
14	36	72	81
28	56	24	30
15	18	28	10
90	16	54	42
12	36	20	30
6	48	42	16
40	4	14	5
3	45	40	18
12	35	56	48
8	70	9	72
63	9	80	40
54	35	32	45

182~183쪽 곱셈 올림픽 예선전

72	30	27	24
42	8	10	54
8	4	36	28
12	40	6	45
27	20	63	21
24	14	40	56
30	15	18	16
18	12	9	14
54	16	16	42
5	40	32	30
24	35	10	36
50	63	64	3
45	18	20	48
2	48	70	90
60	15	6	80
6	24	36	12
12	4	28	18
56	21	81	9
8	20	7	35
25	32	72	49

정답

184~185쪽 곱셈 올림픽 준결승

4	6	54	36
24	18	12	20
24	50	8	32
20	6	8	49
45	12	56	20
15	63	24	4
60	21	12	63
10	64	15	30
2	36	72	81
7	70	24	30

5	18	28	10
90	16	54	63
12	48	16	27
6	56	42	16
48	14	14	40
3	27	25	18
21	35	40	30
8	28	9	72
9	36	80	40
18	35	32	45

186~187쪽 곱셈 올림픽 결승

18	49	60	10
72	9	40	16
5	30	18	48
12	28	18	36
50	24	40	54
14	30	80	15
12	2	14	25
18	30	7	35
4	24	32	81
8	8	27	10

36	32	45	20
15	24	3	70
64	12	16	21
6	35	12	48
21	6	42	56
9	42	56	4
6	20	63	8
36	72	16	45
24	63	28	20
27	9	40	54

저자소개

김중훈
어릴 때부터 장래 희망이 초등학교 선생님이었다. 감사한 마음으로 24년간 학교에서 아이들을 가르쳤다. 공부가 어려운 아이들을 돕기 위해 배움찬찬이연구회 선생님들과 함께 연구하고 실천하고 있다. 『똑똑수학탐험대』, 『찬찬한글』, 『수감각기초연산카드게임활동』, 『나의레켄렉』 등을 연구하고 개발했다.

김유원
모든 아이들의 학습 기초를 튼튼하게 하는데 관심이 많은 초등학교 교사이다. 아이들이 재미있고 의미 있게 학습할 수 있도록 배움찬찬이연구회 선생님들과 열심히 연구하며 실천하고 있다. 『똑똑수학탐험대』, 『계산자신감』, 『수감각기초연산카드게임활동』 등을 연구하고 개발했다.

이희천
초등학교 교사로 수학을 어려워하는 학생들도 쉽게 수학을 할 수 있는 방법은 무엇인지 공부하고 있다. 배움찬찬이연구회에서 활동하고 있으며 『똑똑수학탐험대』, 『계산자신감』, 『수감각기초연산카드게임활동』 등을 연구하고 개발했다.

나는 곱셈 챔피언

이름:

매일 공부한 다음에 <칭찬스티커>를 붙여요.

1	2	3	4
5	6	7	8
9	10	11	12
13	14	15	16
17	18	19	20

스티커판을 잘라서 학급게시판 또는 가정의 냉장고 등에 붙여두고 활용하세요.

나는 곱셈 챔피언

이름:

매일 공부한 다음에 <칭찬스티커>를 붙여요.

21	22	23	24
25	26	27	28
29	30	31	32
33	34	35	36
37	38	39	40

참! 잘했어요 스티커

메달 스티커

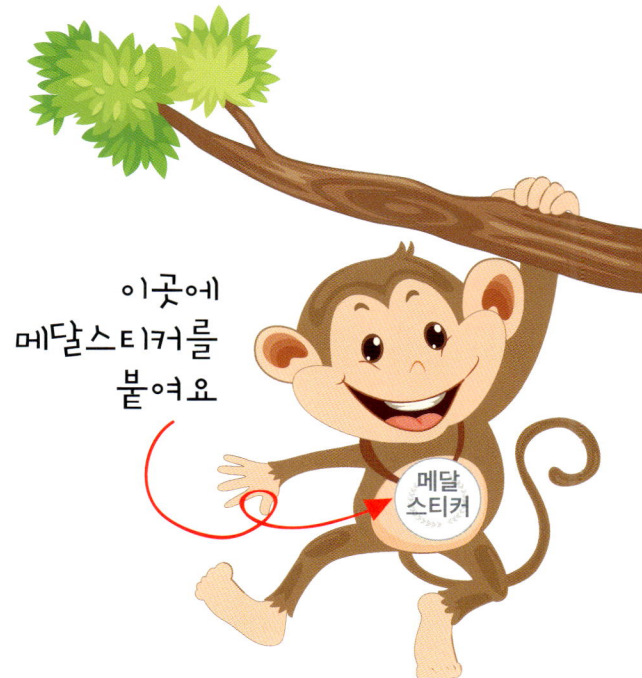

이곳에
메달스티커를
붙여요
메달
스티커

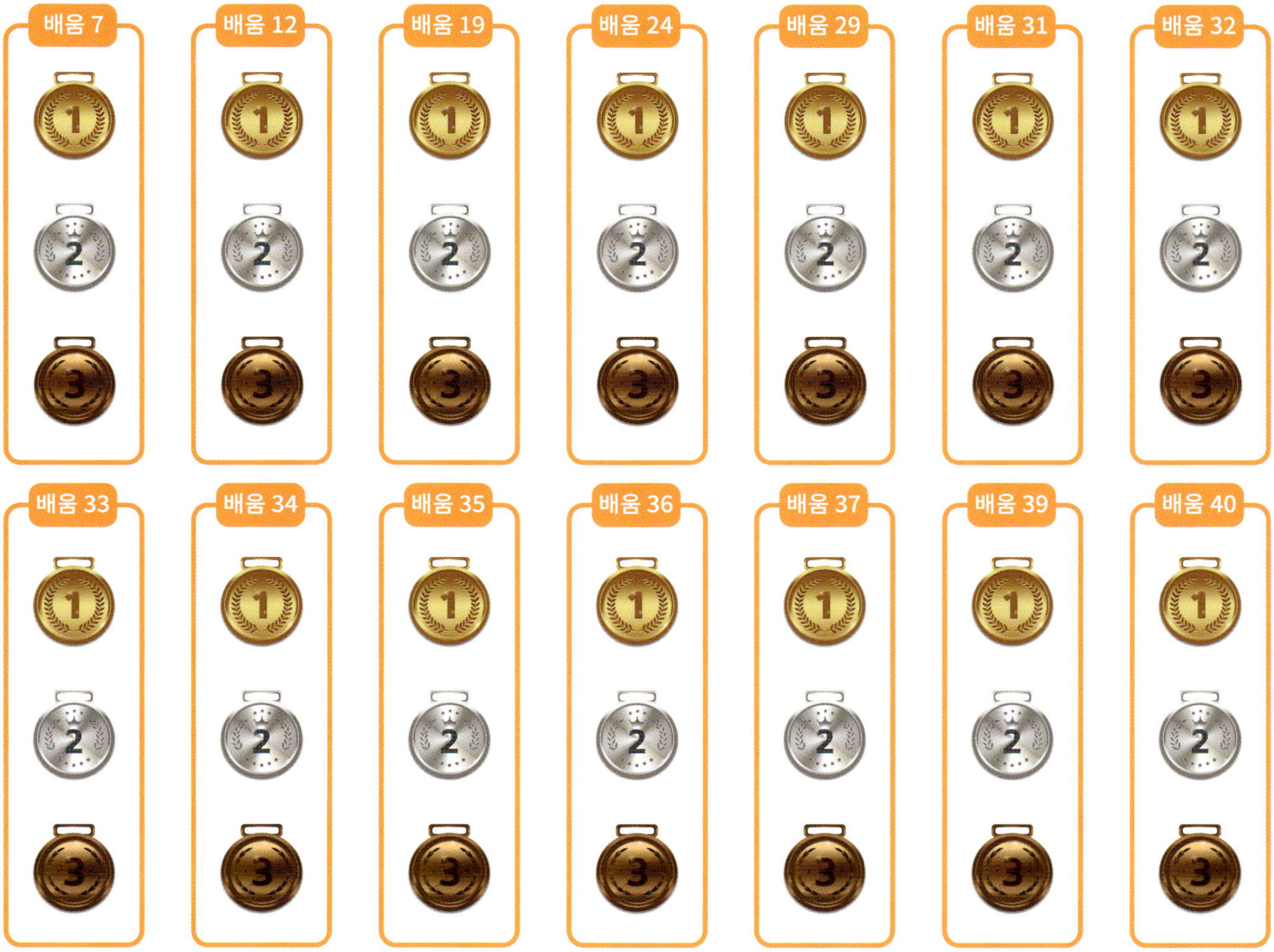
배움 7
배움 12
배움 19
배움 24
배움 29
배움 31
배움 32
배움 33
배움 34
배움 35
배움 36
배움 37
배움 39
배움 40